U0111584

大展好書　好書大展
品嘗好書　冠群可期

大展好書　好書大展
品嘗好書　冠群可期

武學釋典
43

焦建國 著

《拳經》今釋

附DVD

大展出版社有限公司

恩師石澤先生

與石家第22代掌門石建義先生（右）在一起

與八卦名家朱寶珍在一起

與形意名家王錦泉在一起

與武術名家張全亮在一起。左起：石建義、呂鳴捷、張全亮、曹英俊、焦建國

與夫人時秀榮女士一起練劍　　　　　　　　指導弟子練拳

與部分弟子在一起

作者收藏拳譜

山西科學技術出版社出版

序 言

　　現在能看到的《拳經》主要有兩本書：

　　一本是張孔昭（字橫秋）撰，曹煥斗注的《拳經拳法備要》。此書的成書時間是在乾隆四十九年（1784年），雖然成書時間較晚，但書的內容卻比較老。因張橫秋早年曾跟隨曹煥斗的祖上在壺關縣工作，將書稿遺留在那裡，估計是張橫秋祖傳，並加進了張橫秋許多個人心得所成。

　　後來曹煥斗在其祖上的館藏圖書裡撿得，這是一本現今尚存最古老最權威的《拳經》，但由於它是張橫秋早期著作，書裡缺少「裡、外死手」。

　　另一本是由何松雪作序的《張氏短打拳》。據說此書據手抄本仿古而成。此書內容包括《張橫秋秘授跌打抓拿法》和張橫秋弟子良輪所撰的《萬法統宗》，成書時間是乾隆十八年（1753年）。

　　那時，張橫秋剛剛去世一年，此書應當包含了張橫秋一生武學精華，特別是包含了對「之玄步」「三角步」「梅花步」「裡死手三十六」、「外死手三十六」的詳細論述。其中文章或張橫秋親撰，或張親傳弟子所撰，這些人曾親耳聆聽過張橫秋教誨，而曹煥斗沒有見

過張橫秋，所以這本書學術價值更高。可惜此書有一小部分錯字連篇，但其主要內容保存完好。

還有其他一些抄本，大同小異。

各種版本的《拳經》其實都不是一個人的手筆，在流傳過程中內容不斷豐富。但核心內容有兩部分：一是最初少林寺和尚們寫的。二是張橫秋寫的，堪稱集大成之作。

但是，書裡還有其他人的一些注釋、緒論等等，而且混在一起，分不清年代和作者，如果把後人的東西當成張氏的經典，就可能產生誤解。

中華武術歷史悠久，但古人重視的是器械，認為拳術「無益於大戰」。拳術的興起，是明朝後期的事情，《拳經》就是這一時期的產物。《拳經》所載的拳理拳法對我國拳術的發展有著重要影響，乃「山之祖脈，水之大源」。現今流傳的諸多拳派，都可以追溯到《拳經》。

《拳經》所講的是「散手」，通篇沒有「套路」一詞。如今，冷兵器時代早已成為歷史，拳術的實用性漸漸被表演性取代，武術選擇了「套路」作為自己的流傳模式，「花拳繡腿」成為武術的主流，古老實用拳法漸漸被人淡忘，然而，它畢竟代表著武術的起源和本質。

《拳經》和一個古老的拳派聯繫在一起，這就是「綿張短打拳」。明朝抗倭名將戚繼光在《紀效新書》裡說：「呂紅八下雖剛，未及綿張短打。」明朝武術家程沖斗說：「唯楊家槍、太祖長拳、綿張短打、孫家陰

手棍、少林兼槍帶棒，乃五家正傳，苟能習練精熟，得其心印，餘可敝帚棄之矣！」對此拳評價之高，可見一斑。

據說綿張短打拳創自章瑞。「浙江拳械錄」載，浙江金華人章瑞（1466-1538 年）武舉出身，曾任明軍營千總，拳法多柔，勝人以巧。曾應募與北兵比試武藝，人稱「綿章」。但不知何故，與章瑞同時代的唐順之、戚繼光、程沖斗等所有明代武術家在著作裡都寫作綿「張」。

少林寺是武術的集散地。明末，綿張拳也傳到了少林寺，《拳經》裡的插圖都是和尚。據考證，少林寺和尚原先主要練棍法，而非拳。到明末，身當亂世，有「孤臣孽子」避禍少林，「拳始興焉」。最初的《拳經》可能就是玄機和尚傳出來的。玄機和尚可能就是明末避禍少林的「孤臣孽子」，這個人是否章瑞的後人無從考證。

玄機和尚的拳譜如何落到了張家？清代在四川有一部關於綿張拳法的書中說，有一個叫張春滾的樵夫，遇到一個老和尚，坐在那裡沒飯吃，他就經常帶飯給老和尚，老和尚送給他一本武術秘籍，張春滾就傳下去。

過了幾代，張家有人到山東販綿，遇到強盜，張將強盜制服，強盜跪地，問英雄大名，張說，我姓張，販綿為生。強盜就傳開了，販綿的，姓張，簡稱「綿張」。這種傳說太過滑稽，但是說明張家祖傳的拳被世人叫作「綿張拳」。

　　張家拳歷代都是秘密相傳的，直到清朝初年，張橫秋才公開教張氏短打拳，並把《拳經拳法備要》公之於世。我們現在所見到的不論何種版本的《拳經》，都自稱來自於張橫秋。

　　張橫秋何許人也？在《張氏短打拳》「授受原因敘」裡，張橫秋自己說：

　　「吾十有五而志於拳，三十而立，未嘗私傳一人，自庚辰秋，糊口於歙南（今黃山市南邊）錦庭之里（里，村也），里有長者榮佩兄，與其侄泰如者，頗亦好武。一日閒話，問及斯道，每以無真拳為對，予慨然歎曰，非無真拳，蓋無真傳耳。繼出平生所學示之，榮老乃曰：『不圖為拳之至於斯也，存其形勢與人同，而筋節與人異也。』因命其子侄輩，從余學焉。」

　　康熙三十九年（1700 年，庚辰年），他「三十而立」，那麼，張橫秋應當生於康熙九年（1670 年）。是一個「糊口於歙南錦庭之里」的窮秀才，並不是什麼「攜重資遊天下（曹煥斗語）」的遊俠。

　　張橫秋活了多大歲數？他的弟子良輪寫道：「辛未（1751 年，乾隆十六年）陽春，逐利（做生意）妻東（在蘇州東南）之南門，明年秋七月，聞有我徽郡歙邑（今安徽黃山市）胡道生者，適過吳門（蘇州）。余欣然留居。草榻抵足談心，復反斯道，惜吾師歸泉之速，未盡獲其精微，良可浩歎也。」可知，張橫秋死於 1752 年左右，享年七十多歲。

　　張橫秋打拳是什麼樣子？良輪寫道：「乃蒙不吝

見教，即發腳步，打個圓圈，但見一來一往，勢若疆場奔馬，橫衝直撞，不可以攖其鋒芒。進退便捷，收放自然，乘虛因勢，才不攖人之力，近身入懷，猶如地塌山崩。起伏無常，環轉靡定，舉動周旋，身手融成一片，令人目不暇視，手不暇指，不啻迅雷奔電也。」

良輪親眼所見，可信度很高。何雪松寫的序言裡也說「此拳力多爆發」。我所學的石家綿張拳看起來也很剛。而曹煥斗則描述道：「發如美人之採花，收如文士之擱筆」，「諸葛君綸巾羽扇，羊叔子之緩帶輕裘差可彷彿」。顯得過於柔了。他沒有親眼見過張橫秋，可信度較低。

張橫秋的拳是從哪裡學的？他寫道：「而其所以成其術者，雖余之癖性好武，亦家先人鍾愛而致之也。」他文中小標題也明確標明「家傳秘訣」。可見張氏拳並非「異人相傳」（曹煥斗語），而是來自於家傳，他家密傳的就是那本「玄機和尚密授」的《拳經》。

由於張橫秋的努力，《拳經》和綿張拳傳遍了大半個中國，以至於凡練拳的人說起來，都自稱是「張氏拳」。然而張氏拳後來卻銷聲匿跡了。目前，能與綿張拳掛上鉤的，也基本改名不叫綿張拳了。比如「短拳」「隨手」「綿掌」，等等。「掌」字顯然是「張」字的口誤。後來，又有人借「掌」字附會，說此拳只用掌，不用拳。失之毫釐，差之千里。

有的說「綿張」是兩個人，一個姓綿，一個姓張。有的拳雖自稱綿張支脈，究其拳法、步法諸多內涵，則

與「之玄」風馬牛不相及。

所幸，在一個不為人知的家族裡，綿張的血脈還在暗暗地流淌，這就是不輕易示人的「石家秘傳綿張拳」。

石家先祖曾在元朝做過武將。到了明萬曆年間，出了一位著名軍旅武術家石敬岩（江蘇常熟人）。他「身長赤髯，性魯重諾，俠肝義膽，在軍中任武師多年，身經百戰，多有戰功。

崇禎八年（1635年），明軍在安徽宿松中了埋伏，從早晨戰到傍晚，槍折馬斃，揮短刀步戰，至死不仆，皖人異之，招其魂祀之余宣公祠」。石敬岩專用大槍，石敬岩的弟子吳殳著有《手臂錄》《無隱錄》，講的就是石敬岩的槍法。石家祖上用槍法換得綿張拳，揉進石家槍法，向著更加簡潔實用的方向發展，形成「石家秘傳綿張拳」。

明朝滅亡後，石家後人為躲避仇家，從浙江、江蘇一帶遷出，分成幾股，遊走江湖，居無定所。大概因為當年石敬岩曾兩次到正定向游擊將軍劉德常學習槍法的緣故吧，其中一支定居在河北省正定縣新安村，綿張拳在這裡秘密地流傳下來。

由於石家綿張拳傳男不傳女，傳長不傳幼，一直在一個相對封閉的環境內流傳，很少與外界武術流派雜交，雖然影響了它的廣泛性，但卻較好地保留了他的純真性。較好地保留了綿張拳的原始風貌，始終把「梅花步」「之玄步」「三角步」「通懷步」等綿張特色步法

作為重中之重加以訓練，就連「拜掌填拳」「吊線手」「還勾手」「冷死手」「刀對鞘」「十字跌」「纏趕手」等術語竟與古代一字不差。說它是綿張拳的「活化石」似不為過。

我拜石家第二十一代掌門石澤為師，算是石家第二十二代傳人，實際上是向石家第二十二代掌門石建義先生學的綿張拳。深感此拳之妙，又深惜此拳不為人知。如今《拳經》已廣布天下，但能讀懂者寥寥。余不揣淺陋，寫成此書，以期幫助武術愛好者讀懂《拳經》，武術經典理論深入人心，則吾願足矣。

此書的寫作得到石建義先生的指導，在此表示感謝。另在本書的寫作過程中，焦雲燕女士擔當了主要攝影工作，焦雲龍承擔了文本編輯並提供電腦技術保證，馮士軍、朱志宇、習志強等擔任主要陪練，一併予以感謝。

焦建國
於四壁清風室

目　錄

第1篇

《拳經拳法備要》釋

千金秘訣問答歌

第一首

問曰：勢雄腳不穩，何也？答曰：在勢去意來。

歌云：勢若去兮要執狠，意旋回時身步穩。

　　　百骸筋骨一齊收，復手便順何須愁。

【解讀】

拳架勢很雄猛，但是為什麼身步不穩呀？在於是否能做到「**勢去意來**」。

「勢」就是動作，「意」就是意識。古人把意分為「來意、去意、攻意、守意」，這就是說，當動作向「去」的方向走時，意要向「來」的方向走。這樣說來，「意」和「勢」不是相矛盾了嗎？沒錯，沒有矛盾就沒有世界。我們聽慣了「心與意合」的說法，只看到了合的一面，沒有看到矛盾的一面。綿張認為，意在力先。意與力，不是同步的，意必領先於力。指揮部的決策必須領先於部隊的行動，這是個常識問題。

只要承認意的領先作用，就可以得出下列公式：「意

去──勢去──意來──勢來」。這個公式的兩頭是「意去──勢去」「意來──勢來」，是相合的，統一的，但從中間環節看，正是「勢去──意來」，是矛盾的。

意對力的領先作用表現在兩個方面：

第一，意對力規定了活動範圍，設定了「回力點」。

力不是無限制地向前，到了回力點就彈回來。這就是「彈性力」。這種力快捷、短促、穿透力強、重心穩定。看趕馬車的抽鞭子，先是意去，接著身向前，手向前，鞭向前。當鞭梢將要達到目的地時，突然，意回，身回，手向後一抖，鞭梢反而加快速度，「啪」的一聲，打在馬耳朵上。這是彈抖勁，也叫寸勁，抖炸勁。必須給力設定「回力點」，不能像箭一樣一去不回頭，一旦失去了支撐，就像斷線的風箏飄出去。「拔河」就是這種不設回力點的「矢力」，對方一撒手，所有的人都摔出去。這就叫「勢雄腳不穩」。因此，張橫秋說，勢發出去要狠，但是要有個「度」，到一定程度時，意要「旋回」，勢也跟著旋回，身步就穩了。

第二，意還要指引力進行第二次打擊。

勢，或者說力，在行進途中會遇到阻撓和抵抗，意必須靈敏感知阻力的方向和勁道，迅速調整作戰方案並引導力化開阻力，進行第二次打擊。在這個過程中，意繞了個彎，所以叫作**「意旋回」**，不是直來直去，我們說不要練成「槓子勁」，就是這個道理。

怎樣做到旋回呢？叫作**「百骸筋骨一齊收」**。「收」和「發」是一對矛盾，有收才能有發。在「意」的指導

下，百骸筋骨一齊收縮，不但在第一次打擊後穩定了重心，而且為下一次打擊準備了條件，使擊打像機關槍一樣連續進行下去。

「**復手便順**」，「復」即回復，拳諺說「看你有沒有，就看你胸前有沒有手」「出手不復，自尋死路」（在曹煥斗的書裡「復手」被寫成「後手」，誤）。

第二首

問曰：弱可以敵強，何也？答曰：在躲閃騰挪。

歌云：躲閃空費扳山力，騰挪乘虛任人意。

讓中不讓乃為佳，閃去翻來向他立。

【解讀】

弱勝強奧妙在哪裡？在「躲閃騰挪」。避實就虛，是綿張拳的重要技擊原則，實力相當者，亦當遵循。

從字面上解釋，「**躲閃騰挪**」就是躥蹦跳躍，沒個準地方。這樣理解，就太膚淺了。綿張拳的「躲閃騰挪」不是消極的，而是積極的；不是逃跑，而是巧妙進攻；不是撤退，而是運動戰，是腳踩一定點位變換角度攻擊。

例如，他右手刺拳向我打來，我向右前方上右步，跟左步，向左擰身，在移動的同時，出右拳就可以輕鬆打到他的臉（圖1-1）。

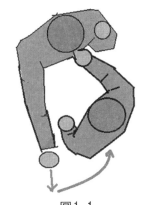

圖1-1

我向右前方上一小步，就閃開他攻擊軸線，他撲空了，這就是「**躲閃空費扳山力**」。這一小步對

我來說那是有戰略意義的：一、我實現了進身，伸手可得。二、改變了對他的角度，這個角度是他防守最薄弱的環節。你看，他的正前方有右手，左側有左手，而沿他左前方斜線進去他沒有手。這裡就是他的「虛」，這就叫**「騰挪乘虛任人意」**。表面看來，我讓開了中線，實際上我並沒有退卻，而是選擇更有利的角度打擊他，這就叫**「讓中不讓乃為佳」**。

從上面的例子看，我從他的正面轉到他的斜線上，我的身體也轉了相應的角度，不管怎麼轉，我的頭、身都沒有偏，沒有歪，隨時可以打他，這就是**「閃去翻來向他立」**。（曹煥斗的書裡寫成「閃去翻來何地立」也就是錯的了）

記住，搏擊時要隨時調整角度，使心口對著要擊打的方向，這叫「用心打人」。

人在出拳時有個規律：向前打的拳頭不向回收，另一個拳頭打不出來。在騰挪的過程中，不要阻擋他拳頭的前進，這就叫「舊力已老，新力未出之時」，用現代話說就是時間差。抓住時機、角度、距離、速度這四大要素，就可以乘隙搗虛，出奇制勝。

在躲閃技法上可能存在以下錯誤：

一、**向後躲**：雖拉開了距離，但仍然沒有離開他攻擊的中軸線，無法在躲的同時又擊打他，躲開了第一拳，又迎來了第二拳。

二、**不動步，仰身後躲**：這就造成「折腰」，轉換不靈，眼朝天，什麼也看不見，無法還擊，一敗塗地。

三、向側面歪頭彎腰躲閃：頭偏了視線不清，無法同時還擊，直起身來又挨第二拳。

四、向側方開一個大弓步，但後腳還留在原地，直起身來，還在原地，又挨一拳。

這些躲閃都是消極防禦。「只防不打，光挨打」，而拳經闡明的躲閃法，躲也是打，閃也是打。

第三首

問曰：下盤勝上盤何也？答曰：在伸縮虛實。

歌云：由縮而伸帶靠入，以實擊虛易為力。

下盤兩足管住腿，撐拳托掌難與敵。

【解讀】

這裡說的「盤」，指人體的上下盤。這首歌訣講的是身法和步法。手法巧還要身法步法好，只是手法巧而沒有身法步法配合的人，打不過身法步法好的人，這就是「下盤勝上盤」。張橫秋曾把步法比作「根」，把身法比作「本」，而手法只不過是「枝」。步法身法的奧妙何在？在「**伸縮虛實**」。

「**由縮而伸帶靠入**」是說身法。「**縮**」就是身體往一起收縮。「**縮**」有兩個方面的意義：

一、「縮」是發力的前提。有縮才有發，彈簧壓緊了才能彈射出去。貓在撲鼠前先要「縮」，人也不例外。

二、「縮」才嚴密。不論是主動進攻還是防守反擊，都是由「縮」的狀態轉為「伸」的狀態。

短打拳要鑽進去，「鑽」的過程，自己必須嚴密。「帶靠入」就是整個身體帶靠勁進入，撞擊、擠壓。身、

腰、肩、胯之力比起手勁來要大得多。一般人動起手來，總是手向前伸，頭向後仰，入不了身，不能給對手以重創。綿張則強調「欺身滿填」，逼敵於不能轉換之地，給以殲滅性的打擊。「帶靠入」是步法和身法的結合，下盤之功也。

「**以實擊虛易為力**」，就身體結構而言，各凹陷處、接縫處皆為虛，各突出部位皆為實，以我的突出部位攻敵凹陷部位，就是以實擊虛。從攻防技術來講，防守的薄弱環節為虛。集中優勢兵力，打擊對手的薄弱環節就是以實擊虛。這要靠靈活的身法、步法。

「**下盤兩足管住腿，撐拳托掌難與敵**」，管腿是下盤的重要技法。管住腿就使他立足不穩，欲進不能，欲退難逃，勾纏跪墜，任我所為。在近身並管住腿的情況下，就「撐拳托掌難與敵」了。「撐拳托掌」是短打用語，貼身擊打，不能把手臂伸得很長，必須前手背向前一撐，後拳才能打進去，叫作「拜掌填拳」。托掌、塌掌之類，也是綿張慣用手法。

第四首

問曰：斜行並閃步，何也？答曰：在避衝逃直。

歌云：避衝非斜勢難擋，逃直非閃焉能防？

　　　　用橫用直急趕上，步到跌時身見傷。

【解讀】

斜行和閃步目的何在？在於避衝逃直。「衝」就是快速衝擊；「直」就是中門的直線擊打。對付快速衝過來的對手，歷來有「堵」和「疏」兩種不同的辦法。大水沖

來，鯀用「堵」的辦法，結果一敗塗地。禹用「疏」的辦法，大獲成功。硬頂硬碰，兩敗俱傷，甚至血本無歸。在武俠片裡經常看到所謂的高手們雙掌相對，互相頂牛，結果也多為兩敗俱傷。

諸葛亮用兵，經常先派一支小分隊，且「只許敗，不許勝」，目的是引逗敵人衝過來，而大部隊繞道斜行，十面埋伏，以最小的代價，取得最大的勝利。這辦法用到武術裡就是**「避衝逃直」**。

避開對方攻擊中軸線的最妙辦法就是**「閃步斜行」**。看西班牙鬥牛就明白了。牛衝過來，鬥牛士基本步法是向斜前方上步（圖1-2）。向後跑不行，橫著跑也不行，非斜行不可。在二馬一錯蹬的瞬間，一劍穿心。而牛，只會走「直趟子」，必敗無疑。

「閃步斜行」就是讓開大道，佔領兩廂。目的是變化角度，進身擊敵。閃是手段，打是目的。閃過敵鋒的同時就留下了「伏兵」，一是佔據了有利角度；二是在步點上已經踩位管腿，回身就摔他。

圖1-2

　　武術不外橫豎二勁，一般來說，他衝過來用的是豎勁，我走他的橫勁射進，就把他打飛。這就是「**步到跌時身見傷**」。要抓住機會，「**用橫用直急趕上**」。這個「急」字用得好，機不可失，時不再來，一旦得手，就要連續擊打，不給他喘息機會，徹底擊垮。

第五首

　　問曰：裡裹與外裹何也？答曰：在圈裡圈外。

　　歌云：圈內自裡裹打開，圈外自外裹入來。

　　　　　拳掌響處無間隔，骨節摧殘山也頹。

【解讀】

　　「裹」就是裹纏，可以兩隻手裹纏，也可以一隻手裹纏，「裹纏」是入身之法。對手打來，我應該向裡裹截還是向外裹截？這要看我的手是在圈裡還是在圈外。

　　人兩臂之間有一個「方圓圈」，我手在他臂內側就是圈裡，在他臂外側就是圈外（圖1-3）。進手走向的原則是「**圈內自裡裹打開，圈外自外裹入來**」。如果我的手在圈裡就往圈外裹打，如果我的手在圈外，就往圈裡裹打。

　　這與槍法一樣，我槍在圈外就往圈裡「拿而紮之」，我槍在圈裡就往圈外「攔而紮之」。注意，「裹」不是「橫裹」，而是向斜

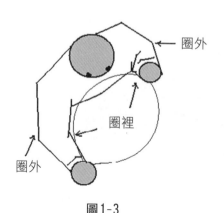

圖1-3

圖1-4　　　　　　　　　圖1-5

前方裹。

　　比如，他右手打來，我手在他臂內側，就向左前方切他右臂，也就是向圈外裹，就實現了入身，隨即向右前方一轉就打他臉（圖1-4）。如果我手在敵右臂外側。就向右前方切他右臂，也就是向圈裡裹，就實現了入身，隨即向左前方一轉就打到他臉（圖1-5）。

　　這是否違背「走近道」的原則呢？誰都知道，兩點之間，直線最近，但「欲速則不達」。中門重地必然層層設防，直線射入會遇到阻擊，一擊不中，反被敵所乘。

　　老子曰：「曲則全，枉則直。」「兵行詭道」，於是「圈裡向外裹」「圈外向裡裹」，走小弧形切線，一來切入的角度刁鑽，沒有頂勁，便於入身。二來切過敵臂時實現了「防」，到達目標時又實現了「打」。把「二」變成了「一」，奇快無比。

　　「**拳掌響處無間隔，骨節摧殘山也頹**」是說打擊的連續性。你要打人家，人家必然攔截你，第一下沒攔住，第二下就攔住了，怎樣才能做到「拳掌響處無間隔」呢？奧

妙還在於「裏裏外裏」。你觀察一下蛇，當蛇身受到阻攔時，受力點會順著阻力的方向移動，蛇頭就可以繼續向著既定目標前進。當我的肘、臂受到阻攔時，受力點順著阻力的方向移動，也就是「裏裏外裏」，加上身法步法的偏閃磨旋，手就可以繼續向著既定目標不斷地切進擊打。

沒有固定形態的東西能夠穿透看似沒有縫隙的東西，你如果練得身、步如龍似蛇，全身上下沒有著力之處，就可以做到出手不回，見縫就鑽，上不停手，下不停步，掌起百響，無堅不摧。認真研究裡外死手，都是掌起百響，一系列組合拳。

第六首

問曰：勝長又勝短何也？答曰：在插上插下。

歌云：身長插上正相宜，身短按下一般齊。

　　　　眼鼻心口腎囊上，下遭打損也昏迷。

【解讀】

怎樣才能既打敗高個子，又打敗矮個子呢？在於向上打，向下打。「長」指高個子，「短」指矮個子。「插」就是擊打，因為短打距離很近，與那種遠距離的衝拳有很大區別，所以叫「插」。

問：怎樣才既能戰勝大個子，又能戰勝小個子呢？答曰：遇見大個子就向上打，遇見小個子就向下打。大個子打小個子，居高臨下，按下去揍，從上往下插。但是大個子托小個子的下巴就比較費事，還得「起沉落浮」，向上打時應向下蹲身。小個子有小個子的優勢，不用過於蹲身就向上托打下頦、口鼻。小個子還便於鑽到下邊打心、打

襠。所以說「眼鼻心口腎囊上，下遭打損也昏迷」。

這段總的是說，要發揮自己的優勢，根據不同的對手，揚長避短，才能取勝。

第七首

問曰：短打勝長拳何也？答曰：在短兵易入。

歌云：長來短接貫入身，入身跌撥好驚人。

　　　裏裏打開左右角，外裹打入窩裡尋。

【解讀】

為什麼短打類拳比長拳優越呢？因為短兵易入。

兵，兵器也。長兵器優點在於放長擊遠，但運轉不靈活。比如，丈八蛇矛，只能往前紮，一旦越過槍尖，進到槍腰，就不便調轉槍頭。而短兵器就運轉靈活，幾乎沒有死角。拳也是一樣，長拳架子大，打得遠，運動幅度就大，同樣的速度，運動幅度大的到達就晚。步子大，轉換重心就難，進退偏轉不靈活。兵家佈陣講究收縮兵力，防線越長漏洞越多，越容易被突破。把手伸得老遠，看似安全，實則危險。手伸得越遠越直，越缺乏彈力和變化，身前空虛，一旦出錯，回救不及。而短兵器容易入身，而且變換靈活，短兵器一旦突破長兵器的前鋒，滾殺進來，長兵器只好撒手逃跑，「一寸短，一寸險」，此之謂也。

何謂短拳？短者，近也。近有以下好處：

一、近則快捷、突然

在很近的距離內，看見臉看不清手腳，突然來一下子，猝不及防。比如，踢足球，離球門越近，守門員越難守門，因為根本來不及反應。近則易攻難防，因為近了，

目標相對變大了，很容易打上。這個道理還是用足球一說就明白，比如，離球門幾十公尺遠，球門在眼裡就變小了，角度稍偏一點球就飛出去了；如果離球門只有一公尺，球門就變大了，踢得偏也能進去。

二、近則變換角度方便快捷

比如，站在對手前腳附近，想繞到敵右側90度的地方，只需要移動45公分的距離，小半步即可。繞到敵後也只需60公分，因此短拳可以快速變換角度，忽前忽後，忽左忽右，使他暈頭轉向，防不勝防。反之如站在距敵一公尺的地方，想繞到敵右側90度的地方，大約需要移動1.4公尺，要兩大步，必然慢。

三、近則聽勁方便

身、手、腿、腳都貼住對手，不但能有效控制對手，而且到處都是「偵察兵」，能全面感知對手的輕微動向，隨之採取相應措施，如此則千變萬化，是為短拳快手。

四、近則能欺身占位

困其手腳，使其運轉不靈，長拳大馬使不出來，想抬腳起不了腿，有本事施展不開。而短拳練的就是丹田鼓盪，脊尾顛顫，直接用根節、中節打人。「一寸短，一寸險，肘、膝、肩、臀殺手鐧」，如能廢其前手，困其後手，打擊將變得無可救藥，這正是短拳所長，以我之長，攻敵之短，短打必勝長拳也。

能不能做到短，關鍵在於能不能入身。踢足球不能老在中線附近折騰，你必須突破防線，進入對方門區。打拳也一樣，必須避免遠距離的糾纏和對抗，「長來短接」

才能「貫入身」。有句拳諺叫作「接其梢節，制其中節」，其實是不對的，梢節快而亂，不易接住，接住了對敵也無大礙，他仍然可以滑脫變手打你。因此，接手位置應在中節或根節，要整個身體從頭到腳在同一瞬間一齊射入，膝瞬間超過腳尖。肩、肘、胯、膝都

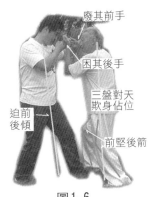

圖1-6

處於一齊射入狀態。欺身占位，迫使他軸心偏斜後仰，運轉不靈，方可謂「長來短接」（圖1-6）。

　　接手同時就要入身，要迎頭撞進。你進我也進，距離立即縮短。兩點之間，直線最近，通懷步最快。第一步要「腳踏梅花預偷半」，就是踩在他前腳前約半步的位置。踩此位，膝過尖，便已接敵進手，再進步就實現入身擊打，快捷無比。反之，退步接手、定步接手，都不能有效縮短敵我距離，焉能入身？

　　入身的要點還在於「三盤對天」、三鋒齊入。上盤之鋒在肩，不出肩便攻勢全無。中盤之鋒在臀，臀胯乃人的「重心」所在，臀部應與前腳跟上下對齊。發力全在丹田鼓盪、脊尾顛顫。腰胯不進，撅著屁股，不但無從發力，而且轉動不靈。下盤之鋒在膝，前堅後箭，雙膝連環，步法靈活，橫衝直撞，是接手入身的關鍵。大弓步接手，頭進去了，屁股還在外邊。「踩進」「趟進」，因腳在前，身在後，膝弱易傷，故皆非接手入身之法。

身法有吞吐、伸縮、偏閃、顛顫，等等，但一定要記住：千言萬語歸結為一個字──進！攻要進身，防也要進身，進則有，不進則無。

「縮」是手段，「伸」是目的；「縮」是局部的，「伸」是全域的。敵打來，某一點「縮」，其他點就「伸」，某一點「吞」，其他點就「吐」。防的同時就打，整個身法都是「進」，都是在「射入」「欺身」。中門直進是進，偏閃也是進。不進身就沒有「短拳快手」。

初學拳者總是怕挨打，遠遠地就伸手，兩人支架起來，誰也入不了身，只有明白了「長來短接」才能做到「慣入身」。「裡裏打開左右角，外裏打入窩裡尋。」這兩句歌訣告訴我們「接手入身」的主要途徑：

一、打進左前角

只要他右手在前站勢，不管他是否先出手，我即可向左前方拜進，向他右肩方向切入。他抱架再嚴，前後手之間還是有較大距離，向斜前方切入，遊刃有餘。再說這條斜線一開始只是通往他的右臂向外走，這裡不是要害，不會受到他的重視。當我迅速進到他右肩附近後，他突然醒悟已經晚了，這裡是他擊打的死角，他右手收不回來，左手又不敢打出，只能用左手推我的右肘了。而我右肘稍微向裡一扭，力點就會走空，右手向右前方一伸就是他的脖子和臉。勾脖子就成「勾扳手」，揮眉就成「六平手」，捂眼就成中門入身「猛虎跳牆」。捂眼後繼續向右可勾他左側脖子，成「兀鷲獻爪」，等等。實現了「**入身跌撥好驚人**」。（具體打法看後面的裡外死手）

二、打進右前角

只要他左手在前站勢，不管他是否先出手，我即可向他左肩方向切入，向左一走就是臉。如此就成「窩裡炮」「元光手」「分洗手」，等等。

三、從他右臂的外側向懷裡裏進

一般用右手切進，左手配合，因為右手好使。不必沾黏，不必後帶，直接從他右臂上面快速切進。向右上方進即可打臉，用駝窩手打他左頸，或走跌法，等等。這就是**「外裏打入窩裡尋」**。裏進後，向中盤進，可打可撻心腹要地。向下盤進是腹襠，隨即提肘打上，等等。切進後向左後角拖帶，即可打肋，成「拖水十字」，等等。也可以走「之步」，進「邊門」，擊打他側後，隨即變「玄步」進裡門擊打，如「仙人躲影」等，也是從他右臂側切入。

四、從他左臂的外側向懷裡裏進

一般右手好使，所以要避免身體跑到他左臂外側的態勢。如果我右手在他左手外側，可用「勾法」，參看「還勾手」。也可右手從外門直接向頭裏進，手一轉，向他右臉摸下，就成「陳搥手」。右拳向裡勾進，直接打頭，就成「五橫手」，等等。

第八首

問曰：步法能勝人何也？答曰：在用堅跪墜。

歌云：堅腳彎分後腳箭，跪足為矢後足線。

用堅推靠不能搖，墜跪勾撻隨人變。

【解讀】

步法勝人的奧妙在哪裡？在於使用前堅後箭步和跪墜

之類的技法。

綿張步法的基本形態叫作「前堅後箭」。不論梅花步、之玄步、通懷步等步法，它們的基本形態都是「前堅後箭」。步法裡含有許多腿法、膝法。張橫秋把這些技法用四個字概括──「用堅跪墜」。

歌訣一開始就闡明了前堅後箭步的基本形態 :「**堅腳彎兮後腳箭**」，前腳即「堅腳」。「彎」有兩方面的含義 :一是前腳要微微內扣。二是膝部必須彎曲，膝在腳前。「後腳箭」也有兩個含義 :一是後腳尖象箭杆一樣，豎直朝前。二是後膝像箭一樣向前射撞。

前腿面臨著與敵腿的碰撞踢踏，怎樣才能堅不可摧呢？奧妙在於保持小腿向前傾斜的「跪足」形態。在這種狀態下，膝就像箭頭一樣，不怕碰，不怕蹬，所以叫「堅」（圖1-7）。

相反，在小腿向後傾斜的狀態下，膝就「弱」。任何跪、碰、踢、蹬都可能使腿受到傷害。（圖1-8）

從入身的角度講，跪膝狀態有利於入身，並帶有強烈的衝撞。比如，我前腳「腳踏梅花預偷半」，即踏到敵

圖1-7　　　　　　　圖1-8

圖1-9　　　　　圖1-10

前腳前半步附近，如果小腿向後傾斜，則身、肩距敵還很遠（圖1-9）。前腳還是進到同一位置，如果前膝成跪足狀態，則全身貼敵，肩、肘、手、膝等攻擊部位已呈「切入」狀態，敵已無立足之地（圖1-10）。

「**跪足為矢後足線**」，「跪足」就是膝在腳前的狀態，在進步時，前膝從一開始就要保持這種「跪足」狀態，腳一落地，膝還要向前一拱。「跪足」就像一支箭，這支箭是用後腳的蹬力射出去的，後足就像是弓上的「線」。

前面說到「堅腳彎兮後腳箭」，可見後腿不只是弓上的「線」，它本身也是「箭」，前腿一過人，後膝就像箭一樣射過去（圖1-11）。射後膝時腳跟離地，不要認為腳跟離地就犯了大忌。前腿和後腿是互換互用的，雙膝都能打人。後腿被制，前膝又跪回來，形成「連環

圖1-11

膝」。常見的大馬步、大弓步，兩腿間距過大，根本無法使用膝法。

前堅後箭步不存在「定步」，在向前走的過程中，膝一直處於「射擊狀態」，上不停手，下不停步，亂箭齊發，制敵死地。不但進步時要保持「射膝」狀態，開步、繞步、退步時也要保持「射膝」狀態。

「**堅腳彎**」就是前腳內扣。人的小腿骨前邊只有一張皮，很容易受傷，前腳一扣，就把有肌肉的那面轉向前方，抗擊打能力增強。扣腳必扣膝，又起到了護襠的作用。前腳尖外撇，不但膝部很脆弱，而且形成開襠，也站不穩，所以，腳尖外撇向中門進步很危險。「彎腳」還具有管腿勾鐮的作用，叫作「膝雄跟踹半勾鐮」。但是把前腳大幅度內扣橫過來，站成「丁字步」，則過於死板，還是按古書說的為準，「前腳微彎」不超過10度。

「**後腳略直**」則指後腳尖基本上是豎直朝前的。因為腳尖向前走起來勁才正。後腳尖朝前，後膝就朝前。前腳一上步，後膝就對著他的前膝，射過去，頂磕碰撞，派上用場。如果後腳尖過於外撇，就造成開襠，對方抬腿就能傷我襠（圖1-12）。後腳尖朝前，後膝一扣，就形成「拗腿」，兩條腿纏住他一條腿，他的腳即使在我襠裡也踢不上去，這叫「閉陰大法」（圖1-13）。

再者，後腳尖朝前，自然會圓襠，不會成為「鑷子腿」，解決了穩定性與嚴密性的矛盾。

「用堅推靠不能搖，墜跪勾撬隨人變」，這句話較難理解。在使用前堅後箭步時遇到「推靠」「不能搖」，如

圖1-12　　　　　　　　　圖1-13

果死站在原地硬頂硬抗，必然不穩，就會「搖」。怎樣避免被動地「搖」呢？就要主動地「隨人變」。必須強調指出：前堅後箭步不是一個「靜止」的概念，而是一個不斷運動的概念，叫作「上不停手，下不停步」。不是傻站著等人家「推靠」，要順勢變化，主動進攻。腿的具體運用就是「墜跪勾撻」。

　　「跪」指跪膝、蹭膝、撇膝、轉膝等各種膝法；

　　「墜」是深度跪法、坐法；

　　「勾」是管腿勾跌法；

　　「撻」是蹬、踹等腳法。

　　但對方也會用「墜、跪、勾、撻」對付我，這就要隨著對手的變化而變化。綿張的腿法為什麼能夠「隨人變」呢？這裡面有一個小秘密，就是「跟實指翹，輕浮穩固」。如果五指抓地，重心壓向腳尖，腳就不能靈活轉動。不要落地生根，站在那裡打陣地戰，應當學會打運動戰，當對手向你衝來時，沒有必要死站在那裡跟他較勁，原地不動險象環生，偏閃一步海闊天空。腳的功能不只是

圖1-14

支撐身體,更重要的是作為進攻的利器,墜、跪、勾、撬。如果腳下生了根,就形成一個封閉的系統,難以運化。所以綿張說「腳跟不浮其便穩,五指需翹擺掉靈」。腳趾微微翹起,受力時腿腳就會自然轉動,隨外力的變化而變化。比如,他跪我的前膝,我的腿就會自動旋轉,不但使他跪空,後膝還會把他跪倒(圖1-14)。他跪我的後腿彎,我腳尖會自然轉動,膝墜下使他跪空,並變成「刺腿」,把他摔倒(圖1-15)。他跪我膝,我膝一轉,轉到他膝外,用撇膝將他摔倒(圖1-16)。

「膝過尖」和「跟實指翹」的理論有一個發展過程。曹煥斗得到的是張橫秋早期遺留的《拳經》,所以曹煥斗說「膝與腳尖垂直,但不能過尖」「五指釘地」等。而在

圖1-15　　　　　　　　圖1-16

張橫秋親傳弟子良輪著作裡則說「跟實指翹」「步到還需膝過尖」（膝在使用時暫態過尖）。

第九首

問曰：身法能壓人何也？答曰：在排山倒海。

歌云：一身筋力在肩頭，帶靠陡來山也愁。

　　　翻身用個倒海勢，縱然風浪也平休。

【解讀】

身法為何能壓倒敵人呢？在於排山倒海的撞擊力，特別是肩的撞靠之力。

「**一身筋力在肩頭**」是講肩在技擊中的重要作用。肩是固定在脊柱上端的一個橫杆，雙肩與腰形成的三角形，有很強的支撐力和扭轉力。腰與下面的胯形成另一個三角形，這兩個三角形由腰連接起來，相互作用，就能把力傳到身體各部位。

身上的撞靠力、擰旋力、壓榨力都靠肩發放出來，或者由肩傳導給臂、手，所以強調把肩關節鬆開，把肩送出去，不但快、活、有力，胳臂還能延長一截。

人的手、臂總沒有身上的力氣大。不會用力的人，把手伸得老遠，會用力的人把手、臂貼近肩、腰，就能用上肩勁、腰勁，力量大增。身搖肩靠就有排山倒海之勢（後面還講述「八面肩頭」）。所以在任何一個動作裡，都要充分利用肩的力量。

「**翻身用個倒海勢，縱然風浪也平休**」，這是舉了一個用肩的例子，叫作「翻江倒海」。他右手打來，我向左前方走「之」步，到了他的右後方，左手一拍他後背，右

手打陰，趁他低頭，我右腳上「玄」步，回到他左前方，右手向上一撩他臉，蹲身，左肩靠進，向左上方掀起，右手一拳打在氣海穴上。

這時左腳還管著他的右腿，他就會徹底崩潰，仰跌出去。在這個「倒海勢」裡主要招法是用左肩把他扛起頂翻，充分體現了肩的威力。

綿張非常重視肩在技擊中的作用，強調「肩投腰襯臀齊行」，橫衝直撞，勢不可擋。所以，練綿張的人都專門練撞肩。

第十首

問曰：拳法能克敵何也？答曰：在披竅搗窾。

歌云：一身骨節有多般，百法投來無空間。

　　　誰能熟卻其中妙，恢恢遊刃有何難？

【解讀】

用拳法戰勝敵人的竅門在哪裡？在於打敵軟穴。

「**披竅搗窾**」就是打擊穴位。「竅」者，孔隙，穴位也。「窾」者，虛軟之處也。打到肉厚的地方不痛，打到人家骨頭突出部位自己的手疼。穴位者，凹穴也，凡是骨縫、孔隙，不但很不禁打，而且一旦打上，後果相當嚴重，所以要向這些地方下手。

人身中線前後，沿任督二脈，兩側沿肋，從頭、頸到襠部到處都是穴位。你必須熟悉這些穴位的位置和擊打的手法，就可以遊刃有餘。

「**恢恢**」是寬大的意思，當你對穴道非常熟悉後，就覺得這些小小的骨縫非常寬大，遊刃有餘。

綿張自古就有打穴之術，也有解穴之術，不會解穴莫打穴。所以打穴技法一般不外傳。

即使會打穴輕易也別用，古來就有「八打八不打」之說，置人死地的穴道不能打，代之於一般的手法，這也是個武德問題。

第十一首

問曰：掌起能百響何也？答曰：在陰陽幻化。

歌云：陰變陽兮陽變陰，反拖順拖不容情。

　　　　外手纏來懷中去，兩手搬開奔耳叢。

【解讀】

怎樣才能做到出手不回，連續擊打呢？在於巧妙的陰陽變換。

「**掌起百響**」體現了綿張拳的重要戰略指導思想。綿張的擊打不是「一錘子買賣」，而是一系列神鬼莫測的組合拳。

為什麼能進行巧妙的連續打擊？在於「陰陽幻化」。陰陽是一對矛盾，矛盾無處不在，陰陽無處不在。上下、前後、左右、裡外，等等，都可以互為陰陽，互為因果，相互轉換，欲左先右，欲上先下，欲擒故縱。

「**陰變陽兮陽變陰**」，正是這些矛盾形成了綿張拳連續百響的技擊風格。

這首歌舉了一些陰陽變化的具體例子。例如「反拖」與「順拖」就是陰陽變化矛盾組合。我本想向他後方拖手摔他，如果直接向後拖，他就有了防範，於是先向前方「順拖」一下（圖1-17）。

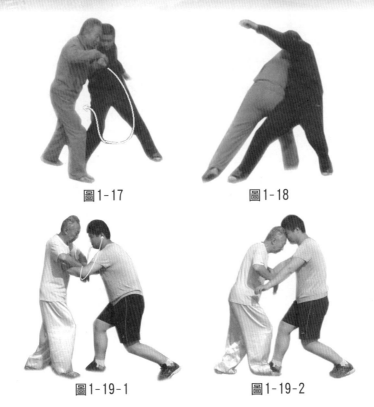

圖1-17　　　　　　　　　圖1-18

圖1-19-1　　　　　　　　圖1-19-2

　　隨即向下向後一轉變成「反拖」，他一下子就飛了出去（圖1-18）。

　　「**外手纏來懷中去**」這是一個陽變陰的例子：敵從我兩陽手之間雙手撲來（圖1-19-1），我雙手變陰掌向懷中纏插下去就破了他的雙撲，並用頭碰鼻子（圖1-19-2）。接著，提雙肘撞擊他胸腹（圖1-19-3）。

　　「**兩手搬開奔耳叢**」這是陰變陽的例子：他兩手從圈外按我的陰手（圖1-20-1），我兩手變陽手，向外一分搬開，就破了他的雙按（圖1-20-2）。隨即兩手「奔耳叢」，來個雙風貫耳（圖1-20-3）。

圖1-19-3

圖1-20-1

圖1-20-2

圖1-20-3

第十二首

問曰：勾挽能進身何也？答曰：在柔能勝剛。

歌云：拳發腿來勢難當，勾分並挽柔弄剛。

　　　若人犯著勾挽法，進身橫拖不需忙。

【解讀】

為什麼用勾挽的技法就能進身呢？因為柔能勝剛。

「勾」就是回勾手。「挽」就是纏拉。因為這些手法都是順著對手勁路走的手法，不頂不抗，屬於「柔」的範疇，而「柔能勝剛」，所以用勾挽法就能實現進身。

老子曰：「反者道之動，弱者道之用。」道的運動規律是走向它的反面。強的會變成弱的，弱的會變成強的，因此，要「用弱」。老子認為「堅強者死之徒，柔弱者生之徒」，道理很簡單，年輕人很柔軟，老人就僵硬，死人就徹底僵硬了。新樹枝很柔軟，老樹枝就僵硬，枯樹枝一掰就斷。柔的東西可塑性強，多變，剛強的東西難以變化，所以剛則僵，僵則死。柔則變，變則活。兵行詭道，出奇方能制勝。故老子得出結論說：「是以強大處下，柔弱處上」，「天下之至柔，馳騁天下之至堅」。

好酒入口綿，進喉滑，後勁足。好拳接手綿，進手滑，變化快，出手不見手，見手不能走。對方還沒有弄清怎麼回事就挨了打。「呂洪八下雖剛，未及綿張短打」，尚剛的拳遇到尚柔的拳，在拳理上先輸一籌。

明白了這個道理，歌訣就好理解了。對方「拳發腿來勢難當」，我就用「勾挽法」來對付他。「柔弄剛」的「弄」字，有戲弄、擺弄、捉弄的意思。他打來，我順勁一勾，力點走空了，他的第一手還在走，第二手出不來，進退維谷，有一種落進大海的感覺（圖1-21）。

透過這一勾，我已經入身，接下來的打擊變得無可救藥（圖1-22）。

「挽」就是纏拉。他打來，順著勁向後一挽就能入身。注意，挽的時候不要向後退，那樣無法入身。手向後挽，身卻要向前進。例如：他打來，我向後挽的同時就邊門進步（圖1-23），隨即向左前方來個「橫拖」，把他的右臂纏在他的脖子上。左手從後面抓住他的右腕，再來個

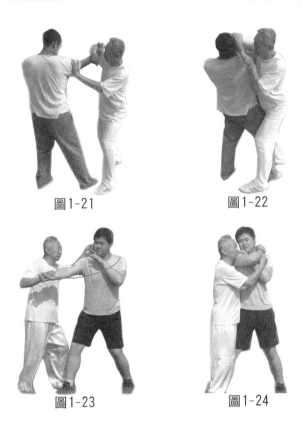

圖1-21　　　　　　　　圖1-22

圖1-23　　　　　　　　圖1-24

「橫拖」，他必倒無疑（圖1-24）。這就是「進身橫拖不需忙」。

第十三首

問曰：用膝能敵人何也？答曰：在上摧下擊。

歌云：兩手相交亂擾攘，無心思到下盤傷。

　　　橫直撇膝應穴道，縱是英雄也著忙。

【解讀】

為什麼用膝能巧妙地戰勝對手呢？在於膝法的「**上摧下擊**」。上摧就是向上的頂撞，如頂襠、頂心窩、抱頭頂

臉等。「下擊」就是傷害膝、腿部的膝法，包括對手倒地後向下跪砸。

用膝之妙，在於出其不意。因為交手的時候「兩手相交亂攘攘，無心思到下盤傷」，突然使用膝法，往往能奏奇效。膝因其短促難防，力大傷重而成為搏擊利器。這些膝法都對準某些穴道，會造成更大的傷害。

這裡提到的「**橫直撇膝**」中，直膝指直線向前、向上、向下的膝法，如伴隨進步的撞膝、跪膝，後腿向前的射膝。這些膝法主要撞擊他髕骨下沿，會使髕骨關節錯位，脂肪墊損傷。向上的頂襠，撞擊陰囊。頂胸，撞擊中脘、鳩尾等穴。繞到身後的扒肩頂腰，撞擊命門。

橫膝包括向斜側方向的跪膝和撇膝。例如，從他腿內側向外側的跪膝；從他腿外側向內側方向的跪膝；從他腿後彎向斜前方的跪膝，足以把他跪倒，可造成韌帶拉傷。橫膝也可用來撞襠、撞肋，傷及內臟。

撇膝是一種向外擺動的膝法。例如，他右腳在前，我右膝轉到他右膝外側，向右撇擺，手向左扳他上身，把他摔倒。或者他左腳在前，我右腿向中門插進時，右膝從內側向外撇蹭他左膝，也可以把他摔倒，等等。

膝法常常不是刻意使用的，而是前堅後箭步法中自帶的，隨步而發，隱蔽突然，難以應付。人們常稱膝法為「暗腿」，所以說「縱是英雄也著忙」。

第十四首

問曰：輕勾能倒人何也？答曰：在手不在足。

歌云：承手牽人將次顛，用腳一勾跌自然。

足指妙在向身用，微微一縮望天掀。

【解讀】

為什麼用腳輕輕一勾，就能把敵人摔倒？原因不在腳上，而在手上。關鍵在於手法的運用，使他失去重心了。

我們知道，人失去重心的時候，一顆小石子就能把他絆倒。他失去重心，快要倒的時候，用腳輕輕一勾，自然就倒了。

「**承手**」就是接手；「**牽人**」就是利用将帶、捆拿等手法；「**將次顛**」就是他將要跌倒了，用腳一勾自然就跌倒了；「**足指**」就是腳尖，妙在腳尖微翹，腳跟擦地，向著自身的方向用力。手向前推，腳向後勾，這是「剪子勁」，再加一點旋轉，用不了多大勁，「微微一縮」他就「望天掀」了。

跌法有三大要素：一偏，二轉，三絆。

首先是欺身占位，把他重心欺偏。物理學指出，重心垂線越出基點就會跌倒。控制重心垂線首選頭頸部位，人的脖子非常脆弱，頭一歪，重心垂線就會偏，所以單單在頭頸部位施加長勁，就足以把他摔倒。

人雙腳叉開站立時基點半徑很長，不易跌到，如果讓他轉動，就變成單腳著地，很容易跌倒。再者，搏擊時，對方總是向著我身方向用力，他重心偏斜時也想壓在我身上。因此，必須與他擰轉換位，讓他轉到空位倒下去，得不到任何支撐。在圍繞同一個軸心旋轉過程中，我必須緊緊地貼壓住他身，向著前膝的方向旋壓過去，使他重心越來越偏斜。如果兩人離得較遠，離心力將幫助對手逃脫。

圖1-25

人在旋轉傾斜後，必須移動腳才能重新恢復平衡，所以要管住腳。一般來說，在入身時，我的前腳就偷偷放在了管腳的位置，而「磨旋」的「軸」就設在我前腳附近，這是一個軸，也是一個絆，只要絆住了，他就會倒，何況再輕輕一勾。勾法一般是向著自身的方向用力，腳趾勾起，腳跟擦地，這裡面帶有「杴法」，連拶腳，帶跪腿。所以說**「足指妙在向身用，微微一縮望天掀」**（圖1-25）。

當然，勾法也很多。比如，他向前上步，趁他落足未穩勾之；向外門轉步側勾之；從他腳外側擺步勾之；用腳後跟勾之，叫作「叼」。也可以勾的部位高一點，連勾帶纏，等等。不論怎麼勾，總要「上捆下絆」。控制重心垂線和力臂是第一要務。如果他沒有傾斜，硬用腳勾，不但勾不倒對方，還容易把自己絆倒。

第十五首

問曰：跌法能顛人何也？答曰：在乘虛因勢。

歌云：乘虛而入好用機，見勢因之跌更奇。

一跌不躓何處去，千劬重體似蝶飛。

【解讀】

跌法為什麼能把人摔得很脆呢？（「顛」就是跳起來摔倒）竅門在「乘虛因勢」，也就是乘虛而入，順勢而為，力上加力。

　　乘虛入身才好用機巧，「機」就是機關、竅門、妙法。找不到對方的空隙，頂著勁入不了身，談不上摔。「**見勢因之**」就是順勢而為，順著他的勁用力，力上加力。這個賬不難算清，頂著用勁是「1－1＝0」，順著用力則是「1＋1＝2」。例如，敵向前衝打來，我偏閃進步，讓開大道，右手向後方捋帶，左手推他後背，右腳從下面一叨腳，他必向前顛飛出去栽倒（圖1-26）。

　　如果不因循他前衝之勢，而企圖向後推他後跌，那是不可能的，這就是「因勢跌之」。這個原則掌握好了，就會「一跌不躓何處去，千觔重體似蝶飛」。「躓」，是也；「不躓」不是也，不知道跌到哪裡去了。「觔」即「斤」。千斤重的身子像蝴蝶一樣飛出去，視截圖上這個小夥子向前翻了好幾個跟頭，可謂「一跌不知何處去，千斤重體似蝶飛」。

　　再說一個「乘虛而入」的例子。比如敵人亂拳衝來，他上面實，下面虛。我突然縮身上右玄步進到他左邊十字線附近，左腳埋伏在他前腳附近，實際上我已乘虛而入，

圖1-26　　　　　　　圖1-27

圖1-28　　　　　　　　　　　圖1-29

他卻渾然不知（圖1-27）。我突然向左擰身，以橫打順，兩手向左掄鐱，左腳向右勾掃（圖1-28），他必仰面平躺跌出，這個小夥子竟然全身離地，平躺在空中（圖1-29）。

　　武術的摔法畢竟不同於摔跤，摔跤是有規則的，但生死搏殺是無規則的。武術是打中有摔，摔中有打，且摔他時不能讓他有還擊機會。

第十六首

　　問曰：拿法能奪人何也？答曰：在反筋紾骨。

　　歌云：膂力千劬真個奇，筋骨乘舛任施為。

　　　　　緊奪不敢輕鬆放，神遣牽來莫鈍遲。

【解讀】

　　拿法為什麼能奪人呢？在於反關節轉動。「奪」，強取也。拿法的優勢在「反筋紾骨」。「紾」（音珍），「轉」也。「**反筋紾骨**」就是向著反關節方向轉動，那誰受得了哇。所以說「真個奇」，一個有千斤膂力的人，一旦被拿住，叫他怎麼著就怎麼著。人肢體關節的轉動都有一定角度的限制，超過角度就很痛，不但向反關節方

向轉很痛，順著關節轉超過角度照樣很痛。全身許多部位
都可以擒拿，例如：臂、腕、腿、腳、頭頸、軀幹等。
「脊」，就是脊柱。脊力就是身上的力氣。一旦被拿住，
千金脊力無法使用。

下面三句話指出了運用拿法的三個要點：

一、筋骨乘舛任施為

就是要吃準關節，控制力點，轉挫壓榨得勢。「舛」
（音喘），反、錯的意思。拿法就是分筋挫骨，使他失去
反抗能力，任我擺佈。

二、緊奪不敢輕鬆放

就是要吃住敵勁，不斷加力，使他始終處於「頂勁」
狀態，直到拿死。

三、神遣牽來莫鈍遲

就是要反應靈敏，技法熟練，順手拈來，快捷俐索。
拿法也是要順勢而為，不能強拉硬拽，要瞅準機會，隨手
拿住。這種機會是偶然出現的，轉瞬即逝，所以叫「神
遣」。老天爺送來的機會，要毫不猶豫地拿來，所以叫
「莫鈍遲」。

拿法要貼身施之，牽過來或貼上去，把手伸得老遠去
拿不行。拿法不只是手法，更重要的是步法、身法。拿法
的手法也是相當豐富的，裡外死手裡包含大量的拿法和反
擒拿法，應當好好掌握。但任何拿法都有解法和反拿法。
被拿不能向後躲，越躲越容易被拿死。要把關節放鬆，隨
他的用力方向轉動前伸，巧妙運用步法改變方向，並迅速
貼身，就能把他拿法的力點化空，他占著兩隻手，我還閑

著一隻手，或打或跌。還有所謂「硬解法」，硬砸硬打也可以解一般的拿法。所以又有「一打解百拿」「巧拿不如拙打」之說。當然還有「反擒拿」之法，這裡不說了。手不高不活，你拿人家，反被人家拿了。所以，武術是拿打結合，一拿就打，打趴下了，想怎麼拿就怎麼拿。

第十七首

問曰：抓法能破體何也？答曰：在便捷快利。

歌云：進退輕跳稱便捷，伸縮圓活快利間。

　　　體破血流屢屢是，指頭到處有疤痕。

【解讀】

抓法為什麼容易得手？因為抓法便捷快利。

抓法不需要用多大力氣，不需要複雜動作，順手拈來。一般使用抓法都走「猴形」，連抓帶撓、連踢帶蹬、連蹦帶跳，所以「進退輕跳稱便捷」。巧妙運用步法，「伸縮圓活」之間，輕跳寸許就能抓傷對方，「體破血流屢屢是，指頭到處有疤痕」。

抓法首選抓眼。抓眼不需多大力氣，稍傷即失去戰鬥力。抓眼之法可橫撣橫抓，上撣下抓，直戳奪珠，摳眼扣抓。在抓眼的同時拇指摳鼻子。

抓頭髮，五指岔開插入，緊握，手指縫裡都是頭髮，前後左右皆可擰揪。**抓耳朵**，用中指摳抓耳後窩劇痛，或揪住耳朵，用中指插耳後窩。頸部可招喉管，抓摳天突、廉泉等穴，抓鎖頸部兩側大筋。抓肩，抓肩髃，一般叫作鷂子抓肩。抓鎖骨窩，即缺盆穴。抓臂，沿著胳膊向上抓叫「猴爬杆」。抓腋窩，抓肋，抓胸腹處處可抓；抓襠擰

揪，抓肛門，無所不用其極。

在身體任何部位，揪住一小塊皮肉擰揪都疼痛難忍。綿張還有一種獨特的握拳法，叫作「鑹拳」，就是半握拳，用食指、中指兩關節，夾住他一小塊皮肉擰，其疼可知。

以上所說「跌、打、抓、拿」四法並不是孤立存在的，而是一個有機結合的技術整體。生死之間，沒有規則可言，四法雜陳，唯毒是用。

第十八首

問曰：身法為何操持？答曰：在收放捲舒。

歌云：常收時放是操持，舒少捲多用更奇。

一發難留無變計，不如常守在心頭。

【解讀】

身法的要點是什麼？是收放舒捲。

「**收**」就是收縮，「百骸筋骨一齊收」。「**放**」就是彈發。孔子曰：「尺蠖之曲，以求伸也。」運動就是在一縮一伸中實現的。彈簧壓緊了才能產生強大的彈力。硬弓拉彎了，才能射出利箭。「縮」就是拉弓。「伸」就是放箭。先把身體收縮起來，集聚能量，然後伸展身體，發放出去。縮身時，脊柱像拉弓一樣弓起，然後像放箭一樣彈開。脊柱和尾閭瞬間顛顫，爆發出一種強大的勁力，如驚雷閃電。石家歌曰：「脊尾顛顫道無邊」。

「**捲舒**」就是吞吐，其力主要在於丹田立轉。看海浪是怎樣捲起來的？海水先向後、向上捲起來，然後向前、向下拍過去，伴隨發聲轟鳴，排山倒海，無堅不摧。丹田

的捲舒與海浪一樣，先是命門吸丹田，丹田向後，貼著脊樑骨向上吸起，這就是「**吞**」，接著，命門催丹田，丹田向前、向下催出，這叫「**吐**」。丹田轉了一個立圈，帶動軀幹捲一個大浪，發出巨大的威力。任何一個身法都暗含有丹田的吞吐，把他「吞」進懷裡，然後丹田外吐，給以重擊。其實應當在「吞」的同時就實現第一次擊打，伴隨著「吐」給以連擊，做到防和打的統一。

例如，他打我胸部時，我胸部後吸的同時，肩部就前催打他，這叫「刀對鞘」，做到防和打的統一。

當然，身法還包括旋轉和偏閃，還要有步法的配合，但這裡講的重點是收和放的關係。「操持」，就是與對方操手時保持的姿態。要經常保持「收」的狀態，「放」只是偶爾的、暫態的、突然的行為。所以說「常收時放是操持」，因為「一發難留無變計」，一旦發出去，若不中，易為人乘，沒有一定的把握，不要輕率發放。一般先是小的挑逗，待敵露出破綻，將他手足制住，待其重心不穩的情況下，才能發放，發後又立即處於收的狀態。與其在沒有把握的情況下頻繁的瞎發，「不如常守在心頭」。這不是消極不動，而是兵家所謂「待機而動」。即使在進攻時也要注意防守，「常守在心」，疏而不漏。

第十九首

問曰：練法如何得竅也？答曰：在會意用力。

歌云：筋力人身本不多，在乎用法莫蹉跎。

　　　　心在何處力隨往，上下一線似金梭。

【解讀】

如何才能找到練武的竅門呢？在於「會意用力」。

「**會意**」就是理解用意，懂得用法，弄明白這個動作是幹什麼的。在「意」的指導下用力。我們有些人只練架子不講用法，「武」練成了「舞」。還有一些人只注重練傻力氣，舉石鎖、石擔，把大量的時間都用在練笨勁上，不會使用，一交手就挨打。這裡特意指出，人身上的勁再練也沒有多少，關鍵在用法。用得巧，就能以小力勝大力，這跟帶兵打仗一樣，韓信只用三千人就把趙王精兵二十萬殺得片甲無回。所以說「筋力人身本不多，在乎用法莫蹉跎」，「**蹉跎**」就是躊躇不前，走錯道。因此練武關鍵是領會用法，千萬別在別的地方過多的浪費時間。

「**會意用力**」的關鍵在於「心在何處力隨往」，以意領力。一打拳，心裡就有假設敵，每一個動作都在跟心裡的假設敵交手，心往哪裡想，力往哪裡走。

「**上下一線**」是說身、手、步上下相合，形成整勁，不管是站立還是進退，都要儘量保持頭、肩、腰、胯基本在一條垂線上，不要前俯後仰、左歪右斜。重心穩定，動作就輕鬆快捷「似金梭」。

「**心在何處力隨往**」還有一層意思，即搏擊時，心口要對準發力的方向，手要對準心口的方向，這叫「勁正」。如果側著身子發力，則違背了《拳經》的原則。

當然，基本功還是要練的，力量的訓練，抗擊打能力的訓練都不能少，但最主要的還是用法的訓練，這個問題，許多人並不是很明白。還要指出的是，用法的訓練不是「紙上談兵」所能完成的，必須對敵，在實際「操手」

中才能得以體會、提高，光練架子不行。

第二十首

問曰：拳法由何得精也？答曰：在熟不在多。

歌云：拳法千般與萬般，何能精透無疑難？

　　　　需秘密處無若漏，一熟機關用不完。

【解讀】

拳法如何才能練得精呢？在熟不在多。

「拳法千般與萬般，何能精透無疑難？」拳法那麼多，不可能完全精透，但關鍵地方不要遺漏，何處是關鍵地方？這裡指出「需秘密處無若漏」。一般來說，師傅秘傳的地方就是關鍵的地方。**「無若漏」**，「若」是南方話，選擇的意思，對於**「需秘密」**的東西，不要選擇，不要漏掉，哪怕只是一兩個最簡單的技法，能熟練地掌握了，那就「一熟機關用不完」。

當然，現在的師傅一般不保密了，他告訴哪裡是關鍵，可惜還是理解不深。任何一個招法裡，有手法，有身法，有步法；有攻法，有守法；有橫勁，有豎勁；有陰陽變化。真正把這一招搞清了，也就掌握了最基本的拳理，再學別的也就好理解了，這就叫「觸類旁通」。

再說，這裡說的「熟」並不是說練得架子熟，而是說用得熟，熟能生巧，「一招鮮，吃遍天」。有道是「學拳之初，宜約不宜博。既精之後，宜博不宜約」。約者，少也；博者，多也。在學拳之初，要少學一點，學精一點，因為「少則得，多則惑」。學精之後，就要廣泛涉獵，汲取各拳派的精華，融百家於一身，方成大家。

周身秘訣十二項

為了節約篇幅，我就不再抄寫原文而直接翻譯，需要加上解釋的部分用括弧括起來。

頭

頭是一身之首，應該直豎，向上頂勁，不可高抬，向上仰頭容易向後倒（還容易被勾擊下巴、插喉）。不可俯視，低頭容易前撲（還容易被擊打後腦、頸部）。向左右移動時，略微看一下左右，臉還是應該向著對手。總之，頭要與身法相呼應。

眼

眼是一身之主，應該全神貫注，逼視對手。破敵全憑眼來認腿、認勢，兼顧一身，上下、左右、前後的防守，都要靠眼觀察。

頸

頸是頭目的中樞，也是呼吸要道，以靈活為主。要直豎，不可太偏歪。需要左右觀望防守時，要隨身法一起轉動。

肩

肩是一身的前鋒，應該突然帶靠勁射入。在射入時應

該與膝上下相對，不要超過膝，也不要達不到膝。至於偏閃，肩部更要靈活（圖1-30）。

【注意】拳經「射肩」的理論很重要，不進肩便不能入身。射身發力時，應是「肩與膝上下相對」。其實不論走步、鑽土，凡發力都必然肩與膝合。比如，上樓梯，如果肩不與膝垂直，一步也上不去，何況技擊，作為一身之鋒的肩必須射進，與膝上下對應，才能使肘、手成插進之勢。現在流行的所謂「肩與胯合」是站樁練功，非技擊也。

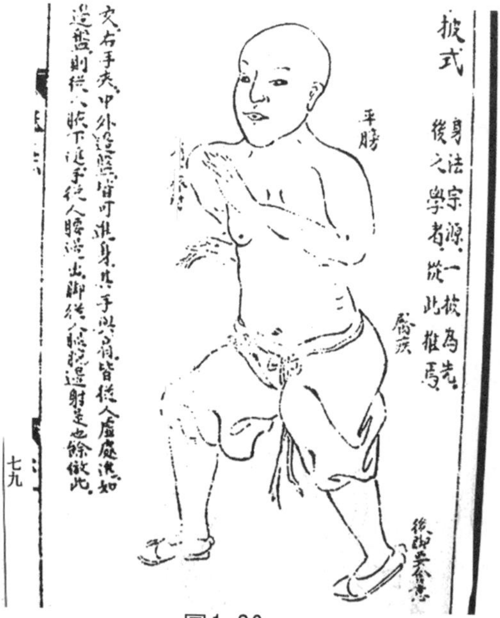

圖1-30

臂

臂是門戶，宜窄狹，不宜敞開。兩臂過於開放身法就渙散，敵人可以用揭法、挑法進手，則自身難保。再者氣

要與臂的動作相呼應，臂力向上時氣向上吸氣，臂力向下時向下呼氣。臂力向外開時，要伴隨著身法的轉動，不要只動臂，不動身。

手

保護身體要靠手，手要輕鬆圓活，剛柔相濟。上下、前後、左右都要照顧到。左手在上則右手在下，右手在上則左手在下，也有兩手都向左或都向右的時候，要身法快速轉動才可如此。更有陰陽互變、長短伸縮的玄妙。總之手法以熟練為要。

胸

胸是身體的牆壁，應該開（微開而已），形成一片整勁。胸不可過於俯仰，兩手要經常保護胸，不使敵人攻進來。如果敵人進來了，你再有能耐也難抵擋。

反過來說，若我射入敵人胸前，他就被動了。

腰

腰是身體的中軸，要靈活圓熟，直挺堅固。何況力都從腰上出，氣也由腰運作，腰一彎曲，就氣阻力閉，上下不能相通。

臀

下身的重心在臀，臀應該與肩相呼應成為整勁。肩向右走，臀也向右擺。臀的運用要突然衝撞並帶有向下的壓

迫勁。臀衝過去了，全身各環節的勁都緊貼在敵人身上，這就是所謂的「百法收來無空間」（使他沒有運作的空間）。

腿

管住敵腳的「攪力」（跌法），也有腿的一份功勞。前腿應該虛懸而收縮（不要伸得很遠無法轉動）、靈活而堅硬（怎樣才能堅硬，在「前堅後箭」裡已經說過了）。

腿要隨著腰的轉動而轉動來保護陰部，所以腿要像「曲尺」一樣彎曲，這是對下盤緊密的要求。

膝

下盤的門戶在膝。膝要平分內裏，就是要裏襠。膝不可以向外開，膝外開，腳尖也必然外開，下盤就不嚴密了。膝法的要點在於略帶壓勁向下跪。與身法配合，向下坐，坐到大腿快水平時就不要坐了。再向下腿力不堅，腰彎曲無力，失去真傳。

膝法不必拘泥，要能者多變，靈活使用。

足

腳是根。根不穩，其他部位雖強也都成虛器了。腳妙在五指釘地，腳跟堅固，不可虛前腳或虛後腳（這句話不是絕對的，「雌雄腳」乃必分之勢，即使「虛懸步」也是常有之步）。用腳要輕便，踮步要快，探步要活。其他各種盤步之法，都要遵循已成的要領運用。根堅固了，全身

都活便了，不論到哪裡去，沒有不把他人摔倒的。

下盤細密秘訣

我家（曹煥斗家）自張橫秋先生相傳已經一百多年了，各種妙法總可以從書裡找到，就是所謂的「避實擊虛」也。但是下盤的技法，不經過親口傳授則難以通曉，不能懂得它的奇異，不認真分析，還可能出現很多錯誤。下盤的功夫需要見景生情，好像圍繞圓形糧倉轉動的曲折步法，不可不仔細講究。凡是我後輩傳授的技法，如果能認真練習，得心應手，無不出手就摔倒他人。之所以能取勝於人，全在這種技法。但這種技法不可隨便傳人，不是正人君子，不是血親不要談這個問題。比如，張先生名徒多得數不過來，但得此技法的，不過程景陶、胡我弘、張仲略而已，怎可不珍藏，作為防身的機密要術呢。

下面講具體的雙管跌法，有解說，有歌訣，圖裡有字，圖外有字，逐字解說必亂，且統一解之。

雙管秘法

書中附有圖（圖1-31）。古人繪畫技術不佳，很難看懂，圖中「膝」「頭」二字是指他的兩個膝頭，並不是頭顱之頭。這幅圖如果用平面圖表示，應如右：圖中一共三隻腳，因為我的右腳是懸起來的。

設敵右腳在前，左腳在後向我向右後偷步，落在打來（圖1-32），我左腳從右腿後面他左腳前面（或離三五

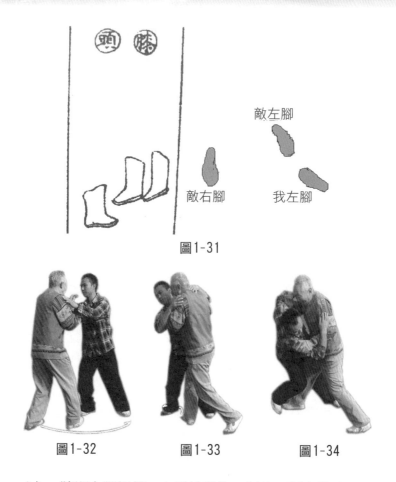

圖1-31

圖1-32　　　　　圖1-33　　　　　圖1-34

寸），隨即右腳提起，右腿縮得像一個球，懸空離地；左
腿也彎曲，縮身向左擰轉，向左擠按他上身的同時，臀、
大腿、膝尖從他左腿前面軟處和膝邊、腿腕邊一齊壓下，
用右胯和臀猛烈撞擊他的左腿，他的左腳必然離地失去支
撐（圖1-33）。而我的右腳已經射進到他的右腳外邊（圖
1-34）。我右腳從他左腿前、右腿後面向他的右後方射
入，落到他右腳右邊，需是連身一齊插進，並用右膝拱撞

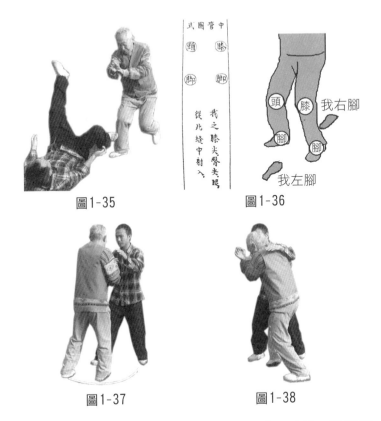

圖1-35　　　　　　　　圖1-36

圖1-37　　　　　　　　圖1-38

他右腿，而臀亦必緊貼他身為滿盤。他重心已偏，雙腿都
不能移動，必倒無疑。（圖1-35）

中管秘法

　　這裡也有一幅圖（圖1-36），很難看懂，我先用圖把
他的意思表達出來。設敵我相對站立（圖1-37），我先將
左腳偷進在他左腳內側，或離開三五寸。然後，將右腳縮
起。先腳尖、全腿、全身一齊向襠裡插入，臀胯一齊滿填
欺身（圖1-38），他必跌倒。這裡一再強調要「搶滿」，

圖1-39　　　　　　　　　圖1-40

臀也要緊貼敵身，「臀腿緊貼，方稱老到」（圖1-39）。
這是射進中門向左磨旋跪他右腿，向右也可以挑他左腿
（圖1-40）。所以叫「中門雙管」。

外管秘法

設敵右腳在前，左腳在後向我打來，我走外盤，將左
腳「跌」一步（就是向左後方斜走一步），踏到敵右腳右
側，或離四五寸。隨即向右扭一下身子，右腿收縮提起，
身下蹲，縮作一團（圖1-41）。

突然，左腳向右前方單腿顛跳，全身從他身後向右前
方插入，臀與胯、大腿要一齊用力，向他右腿「軟處」砸
下去，使他右腳離地。同時右腳向他左腿前方插過去，落
到他左腳外側，全身上下一片向他側後衝壓過去，他必倒
無疑（圖1-42），這叫「外門雙管」。如果使用踩腳法，
更加狠毒，一般會扭傷腳筋。這幅圖片就是踩腳動作，叫
「反煞盤」，是西域武術家發明的。全靠臀邊發力，有的
直接用臀向他右大腿根坐下去，適合大個子使。

圖1-41　　　　　　　圖1-42

邊盤秘法

　　設敵左腳在前向我打來，我先將左腳偷進在他左腳外側，或離三五寸（圖1-43）。向左擰身，將右腳縮起從他身後，經他右腿前方，插入到他右腳外側落地，全身上下一齊向他壓過去。右膝向前拱，使他重心傾斜，右腳不能動，必倒無疑。當然，也可以踩他右腳。對方不但跌倒，還會扭傷腳（圖1-44）。這叫「邊盤雙管」。「也宜腳去過尺五，才算老到有算頭」，是說右腳應該插到敵右腳外側一尺半的位置，才算老到，但這很難做到。

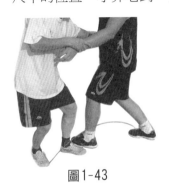

圖1-43　　　　　　　圖1-44

少林寺短打要領十則

少林寺短打身法統宗拳譜（原文）：

「百拳之法，以眼為綱。反側前後，求察陰陽。渾身著力，腳跟乃強。起伏進出，得先者王。拳無寸隔，沾衣便亡。腰無少主，巧終狽狼。如釘若矢，緊倚門牆。自頂至足，節轉綸防。接應變換，無仇為良。八風不擾，隨顛隨狂。」

【解讀】

百拳之法，以眼為綱

百家之拳，以眼為尊，精神巧處全在眼上，如天上的日月，對敵人的來去、隱躍、橫直、斜正，無不徹底看透。與人對敵時，或開或閉，或虛或實，或高或下，都要一眼看準，然後進身破敵，自然無有不合適之處。所以先賢們說「由諸心而發諸手」，眼看得清是頭一條。

反側前後，求察陰陽

人立身立足之法，不外乎「反側前後」這四個字。人一身站立之間，需要配合陰陽，才懂得陰來陽破，陽來陰破的妙方。不明陰陽，則無變化之妙，必然有呆笨的毛病，所以先賢說：「敵還未交手，就知勝敗，是因為明陰陽之理也。」又說：「身法好，是因為明白陰陽相生之妙也。」

渾身著力，腳跟乃強

能明陰陽，還要考察他的用力，即「渾身著力」是

也，從頭頂到腳跟，形成一片整勁，又要在同一時間發力。如果不能在同一時間爆發，自己就已經先有了弊病。應該知道真實虛敗之理（「虛敗」，勁不整則身虛，身虛則敗）。

起伏進出，得先者正

「起伏進出」講的是「勢」（身法），是講解「陰陽」變化的用法，不是另立一門戶也。口訣中說「得先者王」是說以快為主，不可滯慢，這不是說要我先動手去打人，而是說我先要有預防，有進攻和誘敵的準備。拳諺「快打慢」就是這個意思。

（這些解釋並不都符合拳經原意，觀「得先者王」之語，有突然打擊，先下手之意，起碼並不過分強調「後發制人」。有道是「先下手為強，後下手遭殃」，兵法也強調突然打擊，斬首行動。只要有準備，有把握，該出手時就出手。）

拳無寸隔，沾衣便亡

「拳無寸隔」就是平時所說的「見肉鋒傷」。「沾衣便亡」則是說黏著身體就會造成傷亡，我不可稍緩，必須反應靈敏。（這也是短拳的優勢，由於距離近，出手短促，造成「拳無寸隔」之勢，使他猝不及防。由於距離近，出手必重，打上就輕不了，所以「沾衣便亡」。）

腰無少主，巧終狼狽

動靜的樞紐在腰，腰無主心骨，則上下無力、無勢，進退輾轉都不順。雖然有非常巧的技法，終究還是狼狽失敗。所以，要懂得（腰間）屈伸之妙、剛柔之法，這才是

圖1-45

最為寶貴的。

如釘若矢，緊倚門牆

他攻我防叫「顧定」（「定」，有「定奪」之意），互相攻擊叫「對定」。這裡面一切門戶，最重要的是「緊倚內門」。他的前手是外門，後手是內門，只要緊緊倚住他的後手，他就很難打我，他的一切動靜，我瞭若指掌。所以，他稍移動，就制住他後手，他縱有天大本事也無法施展（圖1-45）。如果你只在門外作勢，怎能稱為上乘之法？所以學拳的人對於「內門」二字，要好好揣摩。

自頂至足，節轉綸防

是說從頭至足，節轉輪防之意。凡是人進身，動用來立勢，靜用來潛藏身形，直射叫作進步，偏閃叫作進出，都要節節轉換，如車輪軸的形狀，皮骨筋脈，都要一個「順」字為妙。

接應變換，無仇為良

「接應變換，無仇為良」，必須要明白接應變換相連應用的玄機。他入我「外門」就接；入我「內門」就前後手相連對付他。發現不可攻破時，就順勢而變；發現不可變了，就變勢換手。這都是「機」字的玄妙。識破「機」字，方是高手。還有一句張橫秋沒解釋，「無仇為良」，就是不要帶情緒。仇恨、膽怯、輕敵、急於求勝等心態都會影響技術的發揮。

八風不擾，隨顛隨狂

「八風不擾」不是說八面對敵，而是說配合身法之妙也。「風」同「鋒」，「八鋒」即：手、肘、肩、臀、臂、胯、腿、腳。「不擾」，不屈不撓。

用我的「鋒」處，對準他的「鈍」處，則無往不利也。這樣琢磨問題的人，看似癲，而實不癲；看似狂，而實不狂也（「隨顛隨狂」還有一層意思：要拋棄主觀意念，隨客觀形勢的變化而變化，見機而進，放開手腳，隨癲隨狂。癲狂者，乃綿張特有的翻躍癲狂步法也）。

守身切要諸法

直接用白話文解說：

場中切要：一眼、二快、三不善。遇空則進。

守身切要：拳要上下左右俱顧。顧就是鞏固，上下左右都要照顧到，堅固無紕漏，則無往不利。

步　法

邊盤斜拗步最強：我上左步進他右腳的右側，或上右步進他左腳的左側，皆是邊盤，用斜拗步占他側前斜角，這裡是他死角，出手就有，故曰最強。

單鞭硬步怎提防：硬進單鞭用了一個顛步，單腿橫跳撞進，快且硬，故難以提防。

須知玄步從之換：一般我向他右側進「之步」，他必企圖向右轉身抵抗，我順勢變「玄步」擊之，故「玄步」

是從「之步」轉換來的。

　　之字串步要緊忙：我左腳向他右側進「之步」，緊接著進右擺步，左腳再進「之步」就到他身後了，一般也叫「三角步」。這種串聯的步子要小而快，故「要緊忙」。

　　梅花步法人稀少：五點梅花步乃集大成者，包括四門打法和各種腿法、跌法，一般祕而不傳，故「人稀少」。

　　錦繡挪蹉上下量：電腦上找不到原字，用同音字「挪」代之。原字是向上衝的意思，就是「猴爬杆」之類的步法，向上躥蹬，下踢上蹬，故曰「上下量」，一般用於抓法。

　　雀步顛跳連環轉：小顛跳步，可以變換各種角度。另有坐馬寒雞步：左腿微蹲，右腳提起，相機而用，也叫「金雞獨立」。

　　鯉魚散子亦堪詳：鯉魚散子本是江西縉雲婚俗，新娘下轎，胸襟前放銅錢灑落，任小孩撿取，叫作「鯉魚散子」。用於搏擊，手從胸前下插，如金錢灑落，敵向下彎腰躲避像小孩「撿取」，速上步提肘打臉，或顛步用膝上擊。這些動作像鯉魚打挺。見外死手之「猛虎跳牆」。

　　偷步法：一般來說，左腳從右腳後面插向右腳外側，或者右腳從左腳後面插向左腳外側，以改變運步方向叫「偷步」。偷步要在有意無意之間運用。右腳向右偏閃，左腳稍提起叫「點步」；右腳向右偏閃，左腳不提起叫「站步」；右腳向右偏閃，左腳向右腳後跟進叫「抵步」。都是從偷步變化而來。

　　奸步法：即偏閃斜進步，讓中不讓。它是「之玄步」

的前身，原叫「奸步」，張橫秋改進完善並命名為「之玄步」。

手 法

五陽三島（搗）手：見裡死手之「辟手打嗓」，搗了三下，可以用陽拳搗打五個部位：襠部、心窩、咽喉、鼻、眼窩。

拂塵手：即披揭手，手披下，隨即上揭成揮手，可向上提揮鼻、眼，橫豎皆可用，好像用拂塵揮土。見裡死手之「滿堂紅」。

旗鼓手：像舉旗一樣向上擁挑，對方向後一仰身就施抱腿跌。見外死手之「獅子嘯天」。

掤措手：合肘挫臂。

九流手：抱腿跌法，下九流也。

倒掏手：過人的同時，手從身後掏摟跌之。見外死手之「海底拋球」。

八犯手：叨手打，短而快，上下左右八面連打。見裡死手之「八門正行」。

攻槍手：中門鐵插。

五雷千斤手：或曰「五雷灌頂」。見裡死手之「泰山壓頂」。

騎虎手：也叫「倒騎龍」，乃坐腿跌法。見外死手之「觀音坐蓮」。

九縫三傳手：纏進手法。見裡死手之「纏趕手」。

斜插不迎手：敵直拳打來，不必招架，向裡門斜進玄

步，打肩窩。見裡死手之「刀對鞘」。

迎風鐵扇手：打臉。見裡死手之「元光手」。

金鏢奪槍手：敵直拳如槍刺來，我用之步偏閃，從側面擊之。見外死手之「葉裡藏鏢」。

推槍三換手：敵直拳如槍刺來，我中門上步斜推他手臂，換手取眼，再換手插喉。見裡死手之「搓眉搗嗓」。

雙剁斜飛手：雙剁入手，邊門管腿，斜飛跌之。見外死手之「硬進單鞭」。

回龍倒跌手：也稱「起二腿」。見外死手之「錘馗抹額」。

七聳高迎手：他高打上盤，我十字手高迎，即可打迎面錘。

八字分襟手：分手打法。見外死手之「分洗手」。

這些手法在《拳經》初期還比較零散，到張橫秋總結出「裡外死手」後，就更加豐富並系統化了。

肘　法

裹鸞肘：拗步斜擊，也叫「拗鸞肘」。

外迎肘：走外門，肘擊肋。

蹲坐肘：他打上盤，我下蹲頂肘。

下挫肘：用肘從上向下挫打。

後搗肘：向後打肘，擊後心、後腦。

占陰肘：下插手，肘打腹，手打陰。

挑心肘：上挑心、下巴。

磕肘：磕碰來手、來腿，雙肘挫臂。

泰山壓肘：他蹲身抱腰，從上下砸頭。

團肘：他裏我右臂圍纏我脖子，我左手擒他右腕，右肘打他臉。此肘法動作甚小，故曰「團」。

頭肘：他抓我髮，我把他手固定在頭上，轉動，用肘壓拿腕。

羊蹄肘：他用「吃豬蹄（羊蹄）」拿法拿我腕，我縮住他手，順勢轉腕壓肘，用反羊蹄拿法反將他拿住。

肩肘：他抓我肩，我把他手固定住，用肘壓拿他臂。

腳　法

跌人勾法：在《問答歌》裡講過「在手不在腳」，下勾上必推。這裡強調勾人時腳跟不離地，這樣力度大，速度快，自身穩定。敵人如果闖進來，要「跌一步」，就是先退一步，勾才有力度。比如，用右腳勾，左腳先要退一小步。能手不必向後退，而是向斜前方開一小步，轉而勾之。

撻法：腿法與手撻並用，用於對付邊門管腿，見外勾死手之「觀音坐蓮」。

提法：敵勾我腳，我重心移至後腳，前腳虛提，隨勾向前進身壓下，他就跌倒。

顛法：「顛」就是單腿橫跳，同時用另一隻腳蹬踹敵節縫處，傷之必重。

拶法：「拶子」是舊時夾手指的刑具（圖1-46）。綿張一上步就帶有拶法，兩腿拶夾他一腿，兩膝拶他一膝（圖1-47-1、圖1-47-2）。拶法強調「攻其空處」，順勢

圖1-46　　　　　　圖1-47-1

圖1-47-2

圖1-48-1

圖1-48-2　　　　　　圖1-49

用力，隨敵變化而拐之。比如，我向左磨旋拐敵膝，他反
抗並向前頂膝，我順勢向右磨旋，拐他腿彎，這就是連
環膝（圖1-48-1、圖1-48-2）。亦可拐腳。中門拐腳（圖

圖1-50

圖1-51

1-49）；邊門捯腳（圖1-50）。

踹法：不是用腳尖，而是用腳掌蹬踹敵腿彎處。

剔法：就是「戳腳」的刮踢。把腳尖翹起來，用前腳掌踢小腿臁骨，或者踢髕骨下沿。該腳法起腳低，屬暗腳極難防，極毒（圖1-51）。

身 法

操持：凡與人對敵，身法要縮；腰要帶弓；偷步要快要活，要以腳趾沾地；兩手要前後互換護住自身；兩眼射敵。敵手一動，即迅速以步法進身擊敵空處。這是秘法妙訣，應當是少林寺拳經最初的歌訣 ：「與人對敵要推詳，身體從容不用忙。破敵全憑一雙眼，躲拳需要側身防。他拳放過須忙進，腋下輕舒難抵擋。若要短打敵長手，跟身到腋是良方。」曹煥斗又在後面加注一句「身法總是一個橫行直撞，即所謂側進身偏也」。此歌訣的重點就是「跟身到腋」，也就是前面講過的「裡門打開左右角」他一出手，就射步入身，撞進肩腋一帶。

審勢：要攻敵空處。空處是指脅部、胸部、腰部、

腋下、膕窩、腳腕，就是避實擊虛。與人交手，要認清手法，理清頭緒，審時度勢，方為妙法。

沾身：與人交手要平心舒氣。他一動手，我就走中門側身拜進，用我的手、肩貼住他肩腋，從上到下，擰身滿填貼住，他就很難逃閃。

到身：到身時，手、肩、臂、臀、大腿、膝需要三盤對天，同時到達，一齊著力。兩手、兩腳距離都不要遠，相互呼應。前手四分力，後手六分力；前腳四分力，後腳六分力。後手一定要拽得緊，後腳一定要拴得直（腳尖朝前）。用後腳的蹬勁由身法送到前手，又用後手拽住，像勒馬一樣。所以拳家的定舵在後手，要認真領會。後腳拴得直，就是「勢去」（向前）；後腳拽得緊，就是「勢來」（穩住）。全身上下同時而進，就是「百骸筋骨一齊收」。煞手（近身擊打）之時，用力須在眉尖一線，所謂「一身精力在眉尖，咬牙帶皺山也愁」是也。

曹煥斗又注了一句：又名「眉尖帶皺山也愁，心最狠也」。連眉尖都用力，全身之力也就都用上了。

一片：身法一片就是身體各部在同一時間射入。要用我肩臂挾住他的脅，用我的手肘墊住他的腰，用我的臀貼住他的臀，用我的腿夾住他的腿，用我的膝擊他的腿腕。都要一齊直射，一齊著力，不可有先後。腳法是顛跳。

曹煥斗注：拳法要神形一片，左右爛熟，齊進齊退，這樣理解就差不多了。

用力：周身用力的要領——頭如上頂千斤；頸如搬著樹幹轉；下頦好像龍戲珠而挺出（過去講下頦要上挑，現

在看來應後收）；肩膀如鐵般堅硬，陡然插進；前手如推石柱，後手如扯拽烈馬；前腳下踩，如萬斤石壓（這與後期的「輕浮穩固」相差甚遠），後腳像門插般前抵；臀下坐，好像用坐剪（一種裝在凳子上的壓剪）夾大銀，身如泰山不可撼動（應該辯證地看，不要站在原地硬抗，要打運動戰，不打陣地戰）。這是周身用力之妙，比喻得很巧妙。

一線：一線用力就是「見肉鋒傷」（見肉才出煞手，不見肉時逗你玩）。只可意會，不可言傳。比如，對敵時，自己慌張，力就會先發出去，到身之時就沒力了。所以在沒入身之前，應該心平氣和，待敵動手之際，看得真切，一片射入，全身之力，用在一時，咬牙皺眉，狠狠一擊，這就是所謂「煞手」之妙。

借力：敵人來勢難擋，我須兩眼認清，偏閃借勢跌之，所謂「見勢因之跌更奇」。

偷力：敵人兇狠，我須找他軟處，節縫處下手，他有力也沒用，而我可以發揮，叫作偷力。

走場：進步時，後腳要從前腳附近出（磨脛，不要「坷垃腿」走路），落地後超過前腳三四寸（不要並排站立）；邁步時腿不要挺直，膝關節要有一些彎度；吸腰，裹襠藏陰；腳尖不可過於朝裡勾，腳趾不可離地（輕輕貼地即可）；兩膝要分陰陽，不可平分（不可平行不分前後，也不可同等用力，難以轉換）。蕨似腿樣（蕨草的初生葉子捲曲好像人的膝部。或者說，膝部捲曲好像蕨草的嫩葉），曰「巽風腿」。步到時，雙膝一齊壓下（參看對

「前堅後箭」的論述）；身法要直豎，帶偏（側身）；胸開背合（拉弓）；臀必夾（裹臀夾襠）；頭與頸要直豎略帶偏轉；兩眼有神，逼視敵眼；手腕帶彎，不要直挺。手打過去的同時，精神必須射過去，眼看著他的臉。出手要直拴至他胸前，整個身體一齊著力，百骸筋骨一齊收，一起放。曹煥斗注：拳以猛快為主，迅雷不及掩耳。

　　走盤：眼要分明，認清他的手法、步法、身勢。身法要活便，進退得當。腿法（步法）要飛揚快捷；手法要輕浮堅固；腳法要穩健有力。用顛椿（小步顛跳）帶腿，體現快捷有力；下披上撤，橫勾拳，體現威猛；使用活捉、朝天跌等技法，體現柔。

總論入身煞手猛迅精微秘要

　　拳法精微，需要功夫下到十分，然而有了十分功夫，但拳法仍不精微。原因何在？因為入身的要點沒掌握好。入身的奧妙何在？在探步。比如，兩軍對壘，必須先派一個探子，觀察虛實，然後進兵。不用打探，貿然殺入，必然吃虧。再如船家往左右，其妙不在船頭，而在船舵。船頭要往何方，船舵一擺就是。

　　凡與人對敵走盤，需要審定敵人形勢。如果走左右盤，腳要探在對方腳外邊，我的腳尖對著他的腳尖，不可過遠或過近，須離三五寸為宜，過近失去翻身的空間，過遠翻身後制不住對方；再如走中盤，腳更要探在他腳裡邊，也以三五寸為度；至於走外盤，探一步更要快捷，像

跌步一樣。總之，探步之法，要快要活，要輕浮，不可出聲，不可露形，這就是入身之妙。

煞手之妙又在何處？在眉尖一線。人的眉尖有什麼力氣？如果連眉尖都在用力，肯定全身都在用力。下面再說煞手之神，凡是交手行拳，在未入身下煞手之前，毫不用力，像風吹楊柳，柔軟無力。到煞手之時，像天神下界一般，渾身如鐵而不可犯，雙眉帶皺，牙根帶咬，眉頭像山一樣立起來，全身像岩石一樣堅硬，但又不是努筋突骨，面紅耳赤，在那裡費傻力氣。其神處在眉尖一線，所謂「一線之力在眉尖」是也。這就是煞手之神。

至於迅猛的要領，在於未入身之前，把身體縮成一團，入身之後，全身都可以著力鞭開。雙眉帶蹙，牙齦似咬；身法是撞，腳法是顛樁（單腳彈跳）。這就是迅猛術的要點。

如果能夠符合以上三個方面（探腳、眉尖、迅猛）的要求，把這三個方面綜合起來運用，這就可以論「精微」了。

八面肩頭

直肩（圖 1-52）

直肩是一插用法（插就是打直拳），肩突然向前衝撞。注意全身同時前衝，與臀一片用力，就是橫衝直撞之法，後手後肩向

圖1-52

前直出，毛病在於「鬆」。

壓下肩（圖 1-53）

使披手時用壓下肩，肩像山一樣壓下，要身法一齊而進，壓下是身法撼進，毛病在於「觀音崖」（觀音崖在湖南婁底，三面懸崖環抱，彎呈「C」字狀。就是說，使用壓下肩時不要過於含胸縮腰）。

倒後肩（圖 1-54）

使用揭法時用倒後肩。肩帶動臂，從肋下起，向上向後，需要配合身法，一齊發力。這樣，倒後肩才能得力，毛病在於腳不能緊跟（不要站死步子，後腳要跟進）。

倒前肩（圖 1-55）

使用閉陰手法時（手向襠下插），使用倒前肩。肩帶動臂從頦由上向下，臀向前送進，身子一齊前衝。倒前肩適宜投向對手的虛處，毛病在於腳不能向前墊步而進。

射起肩（圖 1-56）

射法，肩頭帶動臂從肋下，向上向前射起。在使用展翅、戲珠手法時都用射起肩。需要由縮而入，後手要拽緊（後手抓著敵腕），毛病在腳下空虛。

陡起肩（圖 1-57）

與倒後肩相似，略帶斜裹。使用橫拳時用陡起肩，需要連身一齊陡起，是柔撞式，毛病也是「觀音崖」。

凝挺肩（圖 1-58）

凝挺肩最要認真練，身法、步法、八面肩頭都從此化出。這種肩法是渾身會意，向下一坐，兩邊的肩頭，一個凝固不動，一個向前挺進打出。

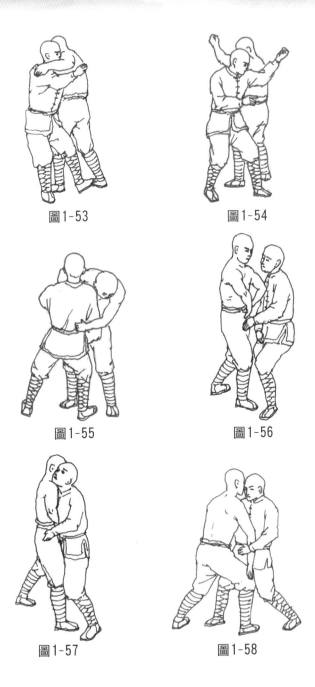

圖1-53

圖1-54

圖1-55

圖1-56

圖1-57

圖1-58

實在是貫通全身脈力，聚會百骸筋骨一齊收。身要盤下，但不要彎曲，略彎曲便是毛病。

凝挺肩坐著也可以想，站著也可以練，寬窄長短，無不可學。身體要條直，毛病在於前俯後仰。

【注】凝挺肩是最重要的一種肩法，它要求一個肩頭發力時，另一個肩頭凝挺不動。全憑發力肩頭的肩窩後吸，肩頭前射發力，方寸之間，化打兼備。這樣練的結果，出手時胳臂會憑空長出許多。搏擊時，往往不允許兩肩大幅度擰轉發力，比如，我左手正向前封按著敵手，右手向前打擊，如果左肩向後彈，則敵手會滑脫，這就需要在左肩凝挺的情況下，右肩前射。類似情況很多，用凝挺肩出手，隱蔽而快捷，乾脆俐索。

練手秘要

張橫秋先生傳授習練手法秘要

拳家秘要總要有身法，身法就像軍中的主將。然而身法的道理最難懂得，它的最妙處也是它最容易出毛病的地方，為什麼？身法要求低，但是低又容易腰曲，這樣腰就失真了。身法要求豎直，但是身豎了又容易仰頭，頭失真了，有手到身不到，腳到身不到的；有鋒芒向反方向逆著走的，這都是大毛病。身法有三個訣竅：

1.**伸縮**：像龍一樣靈變，像虎一樣快利。

2.**直射**：像箭一樣快，無堅不入。

3.一片：手到，腳到，身到。

能做到這三條，身法就算具備了。下面把練法、打法依次開列如下。

第一：練力法

站定，重心放在左腳，先將左腳和身法略下縮，右腳懸縮在左腳內側，左手放在胸前，右手縮在脅下（或者雙手胸前合抱），通身會意，一片縮緊（圖1-59）。

然後（右腳向前）一片射出，一定要身、手、腳一齊都到。到時（右腳落地時，右手前擊，左手後拽）一齊盡力鞭開，後手比前手更要用力，叫作百骸筋骨一齊收，一齊放（圖1-60）。這是練通懷步直射。

圖1-59

圖1-60

圖1-61

第二：半步練法

站定。左腳和身體略向左擰轉，右腳和右側身手向前射入，左腳釘住不動（圖1-61），其他要求與前同。這種步法練的是裡門磨旋跪膝。（圖1-62）

圖1-62

第三：出步練法

站定。將左腳向前，腳趾接地，腳尖向左前方滑進，腳跟向前擺，左膝向前拱，同時向左擰身（圖1-63）。用意在撇膝（圖1-64）。

圖1-63   圖1-64

曹煥斗說，這種練身法不可輕易對人說，這是拳家三昧，破敵全在於此。拳家最難得的是身力，如果不注意，雖然功夫用盡，還是未得其妙。當然這裡有訣竅，訣竅就在後腳上。射去之時，後腳不可死站在原地，必須要緊跟前腳半步，後腳落地之時，更要往前盡力一抵，則身力自然就有了，「眉尖一線」就在此領悟了。後腳往前一抵的時候，雖然是盡力往前，更要注意，腳跟往地一撅（向下重按），腳趾往地一過，方盡其妙。

口傳百法

練打的時候，要兇狠盡力，從硬打到軟，從有力打到無力，才能有精法。如果從一開始就軟打，後來終無精

法。所以，拳要「軟中硬」，問題就在這裡。

再者，練時假設有一個敵人站在面前，手應當如何進，肩應當如何入，腳應當如何管，都要心裡有數，打拳時務必要認真用力。

練打時，肘、胯、肩都要先垂下，這是要緊的問題。比如，一動手時，兩肩一跌下，身法自然低下來，隨身轉打，恰好對著敵人空處、軟處，這就叫「**垂肩帶靠**」。

練打時，前手好比偵察兵，必須要把敵人的路數釐清，也就是敵人一動手，我要用一些輕微的動作，使他產生錯覺，做出超常反應，讓他自己暴露他的空處，然後一轉進身，就處處是空中投石。這就叫「**乘虛而入好用機**」。

煞手時，要緊記後手一拽，必須要後腳一抵。其最妙之處，在於「坐樁」。往下一踵，通身的法都精了，自然沒有前俯後仰的毛病。

論一閃之法：閃是身法、步法的根本，其實是拳家的秘法。對敵時，前後左右都可以攻入，而周身皆到，沒有一點破綻可以被敵人利用，這是拳家第一妙訣。沒有得到可靠的人，不要妄傳。

走左右盤開法：左右盤就是「邊盤」。例如敵人左手打來，我左手繞到他肘外側，向左後方推開，同時左腳向他左腳外側偷一步，須離開三五寸，將身法腳步一片進入，右腳由縮而伸，從他腿後腳腕邊抵入。

也可以伸到他左腳外落下，最好管住他兩條腿。右手從他腰邊向右前方抵入，右肩從他左腋下鑽入。至於前後

圖1-65　　　　　　　圖1-66

左右都是這樣打法。

　　這是百裡挑一的妙法，更是不傳之秘。大凡進步，總以腳搶滿為第一要點。（圖1-65）

　　走中盤插法：敵拳來得甚急，來不及偷步，我將左腳略擺一下。右腳由縮而伸向中門射入，這是半步打法，70快捷無比。大凡走中盤，須是腳尖、膝尖同時射入，像離弦之箭。（圖1-66）

　　走外盤插法：例如右拳打來，我左腳向左後方稍趺一步，離他右腳三五寸。將右腳縮起，左腳彈跳，整個身體騰起。右腿從他身後向他左腳外插入，整個身體砸下去。這種插步打法最能取勝。（圖1-67、圖1-68）

　　大凡走外盤，須記住搶滿為主，乃是外盤雙管法。這裡最吃力處是臀部。

　　這三盤插法，起「裡手（後手）」是妙訣。其中又分托、交、挽、拉。走左右邊盤使用挽拉，走中盤用交手（插砸），走外盤使用托手。所以說「拳按陰陽次第間」。

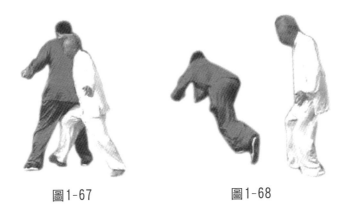

圖1-67　　　　　　圖1-68

　　拳家能熟悉以上各法，但不懂心內提勁運用之法，仍不能稱為能手，現再論其法。

　　提勁運用之法：大凡運勁之法在於氣，而氣的虛實全憑丹田運轉。周身運轉，以氣為先，如果氣不在小腹而在上胸，這就是上實下虛，下面的腿腳必然不能堅固緊密，怎能戰勝別人。

　　所謂「氣力」，氣就是力，拳家的根本在於氣的充足，氣足則力也足。所以氣不能亂出，如果亂出，即使力大的人，也多有遇敵則力不能運轉，力不能自伸的，叫作「氣阻力閉」，沒有循環相生之妙。

　　然而，勁應當如何運用？力必須從腰轉出，才能得法。比如，出右腳時，腳要「墊點」而出，將身子一低，兩肩一垂，兩手掩在胸前，左腳墊一小步，左膝夾，提起右膝，右腳落地時，腰往前一低，周身之氣，往下邊小腹一沉，成為上虛下實，落步自然能堅固緊密。至於前後左右，都是如此，這就是出步提勁的運用。

古圖釋義兼釋「迷拳」「醉八仙」

呆架勢（圖1-69）

「呆」就是站著不動，俗話說「待著，別動」。「呆架勢」是樁功。（圖1-70）

它囊括綿張之大巧，所以圖旁題字「歌曰：萬法皆從此中出，諸巧盡向裡邊生」，實乃悟道之門。

人們一定感到奇怪，為什麼圖中人兩肘貼肋，兩手向外，中門大開，根本不符合一般拳法的基本要求，豈知巧就巧在這裡。

常言說「胳膊肘朝外拐」，人的肘部有一個水平方向的彎曲，在向前「射」手時產生很大的阻力，對方經常控制你的肘部，俗話叫作「掣肘」。

對付「掣肘」，我們的本能反應是架肘「頂

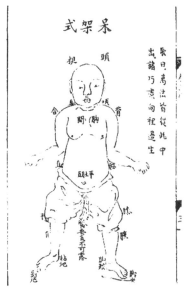

圖1-69

圖1-70

抗」，豈知越是虛腋架肘，頂勁就越大，越進不去，勢必造成手不對敵。（圖1-71）

「呆架勢」因肘向裡合貼肋，臂從正面看就成了一條直線，故射進時遇到阻力，中節不要抵抗，肘順勢向裡合，手就進去了，這叫「捨中射稍」。（圖1-72）

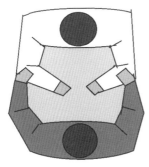 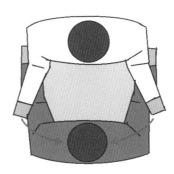

圖1-71　　　　　　　圖1-72

比如，他雙手合按我臂，我如果虛腋架肘就無法有效打擊。（圖1-73）只要肘順勢向裡合，手向外稍微一翻，我的手就搭在他小臂上面，有效地控制他的臂。他的手跑到我肘下面、後面，成為廢手。（圖1-74）在這種態

圖1-73　　　　　　　圖1-74

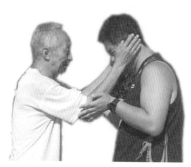
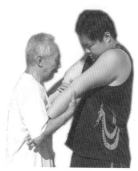

圖1-75　　　　　　　　　圖1-76

勢下，我想怎麼打就怎麼打：向上就是「雙風貫耳」或
鎖喉，他來不及防守。（圖1-75）向外纏臂抱拿肘，就是
「抱虎歸山」。（圖1-76）單手「呆架勢」同樣適用。

　　先說「裡門手」，我右手打過去，他用左手裹截或掣
肘，我如果虛腋架肘就無法繼續進擊。（圖1-77）我肘順
勢內合，手稍微向外一翻，他的手就跑到我肘後面，成為
廢手，向裡一走就打臉。（圖1-78）如果再用左手從右肘
下面抓住他的左腕，右手更是如入無人之境，可以插喉，
當然也可以打下巴、打眼窩。（圖1-79）單手也可以抱拿
臂。（圖1-80）

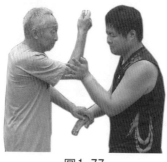

圖1-77　　　　　　　　　圖1-78

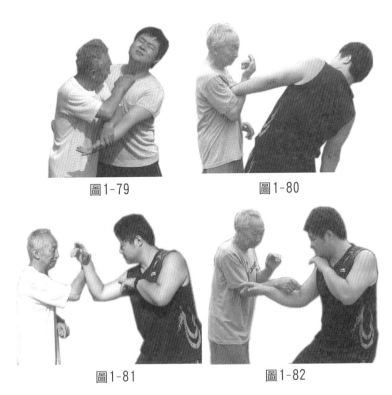

圖1-79　　　　　　圖1-80

圖1-81　　　　　　圖1-82

　　走「外門手」也一樣適用。比如，我右手打過去，他用右手向外攔，我如果虛腋架肘，就成了「推手」畫圈。「槍口」不對敵，打不了。（圖1-81）按照「呆架勢」的辦法肘找肋，手稍微向外一翻、一切，我的手轉到他的小臂上面、前面，「破門而入」，而且槍口正對著他。他的手卻轉到我手下面，槍口也不對著我。（圖1-82）

　　造成這種態勢後，打法多多：向上就打臉，中進就打心，向下就插襠，他一低頭，提肘打下巴。

　　凡遇到陰力，肘向裡合，手向前切，加上身法步法的配合，就能繼續前進，不必把手收回另出，這叫做「出手

不回手」，大大加快了打擊速度。

老子曰：「無有入無間。」沒有固定形態的東西能夠穿透看似沒有縫隙的東西。中節不抗勁，胳膊就成了「沒有固定形態」的東西，如龍似蛇，誠所謂「頂勁之源是架肘，入身之道在舍中」。所以拳經說：「從硬打到軟，才有精法。」

「呆架式」再一個好處是可以使臂力增大。因為肘貼肋，臂與腰連成一塊，就能用上全身之力。其實，我們日常生活中，常常使用「呆架式」原則，比如，切一塊很難切的肉，你一定會肘貼肋用力。再如，你用鐵鍬鏟土，一定會肘貼肋。

「呆架式」還有利於肋部的安全。所以，出手入身都要遵循「呆架式」原則。更深一步來看，「呆架勢」把「死點」變成「活點」，把防和打合二為一。一般拳法，對手打來，我上架。（圖1-83）這個接觸點是個黏在一起的「死點」，而且，他是進攻者，我是防守者，這個角色也很清楚。

按照「呆架勢」的原則，對手打來，我肘裡合，手向斜前方切進，身向前，與敵接觸點是一個滑進的「活點」，既實現了防守，又實現了入身進攻，把二變成一，所以快（圖1-84）。

老子曰：「反者道之動，弱者道之用。」從「呆架勢」的勁路引申下去，可以得出「順化逆打」的原則，即受力點順敵力而動，此乃「弱者道之用」。打擊點逆敵力而動，此乃「反者道之動」。如此則適用於各種打法。

圖1-83 　　　　　　　　圖1-84

「呆架勢」圖還對全身各部間架都提出了基本要求：

挺頭直項。頭是一身之主，頭進則身進，頭縮則身縮，不論身體怎樣晃動，頭始終要挺，頭歪則身不穩，頭與身都向後或者仰身，就會被動挨打，一敗塗地。

胸開背合。這似乎與「含胸拔背」有矛盾，其實，「含胸拔背」是防守狀態，手裡架著弓，還沒有拉弦之前是「含胸拔背」狀態。將弓弦拉滿後，就成了「胸開背合」的狀態，在這種狀態下，撒手就能放箭。

《拳經》有許多地方講到「跨馬拉弓」。綿張主張快速攻擊，所以在向前接近對手時就處於「胸開背合」，拉著弓的狀態，一遇敵勁，撒手就能放箭，不需要先拉弓再放箭，所以奇快無比。

直腰。拉弓之前是彎腰狀態，拉開弓之後是直腰狀態，「引而不發，躍如也」。再者，直腰身體中正，靈活穩定，富於變化。或吸化，或偏閃，皆由此直接變出。更重要的是，綿張主張入身要「三盤對天」，上、中、下處在同一條垂線上（前面講過），所以腰要直。

平肚直。丹田鼓盪，常留半口氣存腹，所以肚子不是吸進去的狀態，也不是挺出來的狀態。

臀要直，不可露。三盤對天，三鋒同進，特別需要腰胯之力前射，需要尾閭前兜，脊尾顛顫。撅著屁股力必不整，我們好多人打拳撅著屁股而不自覺，需要注意。

膝平臁直。站樁時大腿站平，小腿站直，不要前傾，身體又要直豎，這樣最吃功夫。一般做不來。可以靠著牆練。

腳趾沾地。腳跟沾地才站得穩。

腳尖釘地。即「五指抓地」，也是為了穩定。這是早期的要求，後來改成了「根實指翹」，叫作「腳跟不浮其便穩，五指需翹擺掉靈」。兩個腳尖應該是朝前的，可能是古人繪畫技術不佳，看起來像外八字。

鐵門大法（圖1-85）

右側題曰：「少林寺玄機和尚傳授身法圖」。在「序言」裡我介紹了《拳經》是玄機和尚傳出來的，這些圖畫的都是和尚，更證明了這個傳承過程。

插掌是一種攻擊手法，一手後扯敵手，另一手前插。（圖1-86）稍加變化就是「舔眉搗嗓」「插肋封喉」之類殺手鐧。

插手也可用於防守。（圖1-87）向上一起，就變成「揮手」，像鳳凰展翅。（圖1-88）向下一落，就變成「披」。（圖1-89）所以古圖左側題曰：「中平為插，射上如展翅。落下如披下，法皆從此出。」

圖1-86

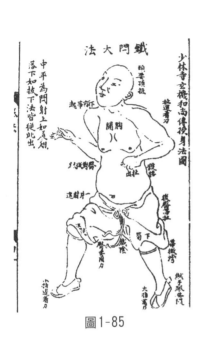

圖1-85

圖1-87

圖1-88

圖1-89

　　《拳經》迷拳第四節「鳳凰展翅」，就是說的「鐵插」變「展翅」：我左手抱敵頭，右手用「鐵插」切他脖子。（圖1-90）他用左手披法來破。（圖1-91）我雙手斜抽，隨即左手展翅撢擊他臉。（圖1-92）

　　接著，右手展翅撢擊他臉，（圖1-93）他如果想向左轉身，我左手橫栓或橫肘。（圖1-94）

　　敵向右轉身是不可能的，因為我管著腳。所以「敵右無雙計」。這幅圖也標出了對身體各部要求，不再詳述。

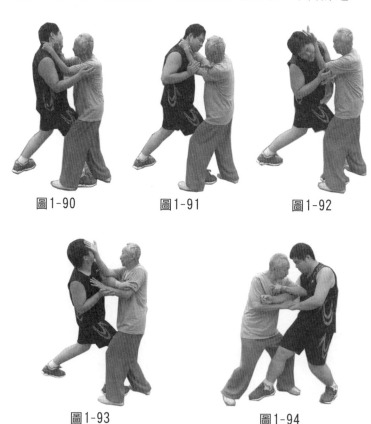

圖1-90　　　　圖1-91　　　　圖1-92

圖1-93　　　　　　圖1-94

戲珠大法（圖1-95）

「戲珠」是挑手法。敵直拳打來，我用同側的手，從敵臂內側上挑，不但起到防守作用，而且可順利進擊。（圖1-96）

如果我手在敵臂外側，則迅速將手轉到敵臂內側上挑，將敵拳玩弄於手臂之中，故名「龍戲珠」。使用戲珠法時要注意畫圈要小，與

圖1-95

敵臂夾角要小，擦臂而過，不要形成上架。

《拳經》迷拳第二節「烏龍戲珠」說的是：敵左直拳從我右臂內側打來（圖1-97），我向左前方偏閃進步，

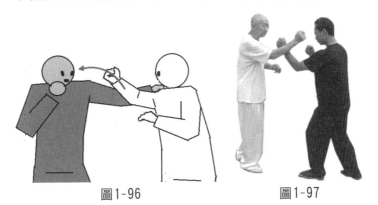

圖1-96   圖1-97

圖1-98　　　　　　　　圖1-99

圖1-100　　　　　　　　圖1-101

同時右手向敵左臂內側挑進戲珠。（圖1-98）敵換右手打
來，我右手回抱護胸，左手向敵右臂內側挑進戲珠。（圖
1-99）敵順勢右手從我左臂上方向下披進，企圖用展翅。
（圖1-100）我速將左手收回胸前。他以為我要撤退，誰
知我用「閉陰雙披」跌法將他打倒。（圖1-101）

　　《拳經》醉八仙第六節講「勾挽法」，說藍采和挎
著一個花籃，這個挎花籃的動作就是龍戲珠的勾挽法。
既可勾手也可勾腳，「上勾下勾隨他便」。戲珠很輕便，
「雖則是蜻蜓點水，也需要搬開爭先」（搬纏法）。眼注

意下邊，敵抬腳踢來，就挽腳。挽拳或挽腳之後，隨即要入身「裏進填拳」。

圖1-102

捉蟾大法（圖1-102）

敵手打來，我偏閃上步回扣他小臂（圖1-103，即可豎小臂撇擊敵臉（圖1-104）。裏門手外門手都能用，（圖1-105、圖1-106）還可以加上肘擊。（圖1-107）

《拳經》迷拳第三節「黃龍抱蟾」說的是：敵我左手在前站勢（圖1-108），我左手橫拳打他左臉，同時右手「抱蟾」，扣拿他左腕向左後方抱帶。（圖1-109）隨即豎小臂撇擊臉，並上右步管他左腿。（圖1-110）接著用坐肘打胸。因為右腳管著他腿，他可能被打倒。（圖

圖1-103

圖1-104

圖1-105　　　　　　　　　圖1-106

圖1-107　　　　　　　　　圖1-108

圖1-109　　　　圖1-110　　　　圖1-111

1-111）如果他順勢前衝，我用「護陰雙披」跌法將他打倒。（圖1-112）

《拳經》醉八仙第四節也是講「捉蟾肘法」。曹國舅手裡拿著拂塵，那個甩打拂塵的動作很像「黃龍捉蟾」，捉蟾的同時就可以進肘，「直肘橫肘隨他便」。

用肘時需要「身步齊進，臂膊渾堅」。頂肘是開勁，頓肘是坐勁。坐法叫作「觀音坐蓮」，也叫「倒騎龍」。（圖1-113）見外死手之「觀音坐蓮」。

圖1-112　　　　　　　　圖1-113

「捉蟾大法」也包括拿法。《拳經》醉八仙第七節講拿法。說張果老拿的是鐵栗片，這個像說山東快書一樣的腕部動作很像拿法。

「雖則是近似纏腕，也需要骨反筋偏」。（拿法在於反筋錯骨）身法步法要靈活，手法要有力。「採時離脫人前面」，向下向後採手時，要走邊門，脫離開他的正面，以防撞靠。「拿拳拿掌，後手緊沾」（前手抓住腕子，後手拿掌），作為歌詞，一帶而過。其實拿法挺複雜的，一言難盡。

圖1-114

壓頂大法（圖1-114）

這幅圖畫了一個「勒馬勢」。比如，他右手打來，我向左偏閃上步，雙手把他右臂向下一壓（圖1-115），左手即可擊臉（圖1-116）。見外死手之「雙攀手」。

《拳經》迷拳第六節「泰山壓頂」內容是：他打來，我入手法是「左右披」（劈即披，但綿張一般用「披」字，更具柔滑意，披也是向下壓，有泰山壓頂之意）。披的同時要偏閃上步，或「之」或「玄」，盤旋如風，上不停手，下不停步（書上說「橫步不可歇」，橫步即之玄步，是向斜前方上步）。披時會遇到對方的反抗，臂的三節要巧妙磨旋，一節壓他一節，一節破他一節，步法要管住腳。具體可看裡死手之「泰山壓頂」。

圖1-115

圖1-116

單披式（圖1-117）

右側題曰「身法總源，一披為先。後之學者，從此推焉」，可見其重要。

前面說了，披法從插法入手，這幅圖是初插未披之時。對身體各部標曰：右肩「肩手齊射」，左肩「平膀」（在右手前插下披時，左肩不要向上挑）。「臀

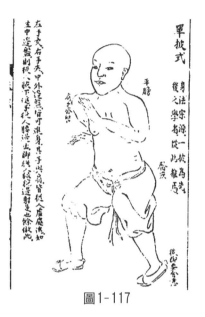

圖1-117

疾」（疾者，快也），後腳「後跟會意」（後腳跟進，後腳跟向外撐，使膝內扣，射膝護陰）。

左側題曰：左手交（交於胸，護中），右手夾（夾腋而出，才有身體之力。肘貼肋，嚴密。披進後貼身擠靠，都需夾）。中、外、邊盤，皆可進身。其手與肩，皆從人虛處進。如立邊盤，則從人腋下進，手從人腰邊出，腳從人腿腕邊射是也。（後面的古圖第二十一圖「破打邊盤式」走的正是此法，以後再說）

《拳經》迷拳第一節「從上劈（披）下」說的正是此圖內容：設敵左直拳打來，我左腳向右稍偷步，身向右偏閃，左手掄起，向他左臂劈下（圖1-118），隨即右手向他胸前劈下（圖1-119）。書上說「右披反輪救」，反輪，逆時針掄動。「救」同「就」，並非救助，乃「到

圖1-118　　　　　圖1-119　　　　　圖1-120

位」的意思。同時進右步，管住他的腳踝，就可以使用跌法。書上說「右腳角反發」，就是右腳落地時腳尖向裡旋轉一下，扣住對方腳腕。左腳跟進，下縮，擠住對方。書上說「步兒跨兒行」，是說進步時胯要向前，把他緊緊擠住。「跨」字刻錯了，當是「胯」。

　　劈進以後，右手突然向右上方一翻，用力要猛，可能把他摔倒。這就是書上說的「往上一搵驟」。（圖1-120）

　　但是，右手不要用「長勁」，不要在上方長時間停留，以免反被人制。他如果沒有跌倒，必然反擊，我速

圖1-121

用右手反勾他頭，左手推他右肩，左腳向左轉步，右腳勾他左腳，這又是一個閉陰跌法。（圖1-121）或者用雙披閉陰跌法。具體可看外死手之「硬進單鞭」。

　　《拳經》醉八仙第二節講的就是「披法」，呂洞賓手使雙劍，「披手披腳隨他便」。劈的時

候帶有「直刺（「利」，錯字）牽拳」等變化。步法要偏閃盤旋，這裡暗含「閉陰」跌法。「從上劈下」就是泰山壓頂。

猴拳護胸式（圖1-122）

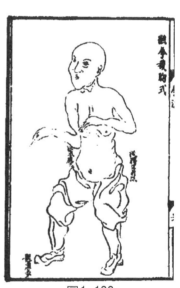

圖1-122

這幅圖體現的是抓法。對身體各部標曰：「後腰射抵」（抓時手向後叨，但腰要向前抵進），小腹「以氣應」（丹田鼓盪，呼吸與手的抓動相呼應），前腳「懸虛步」。

《拳經》醉八仙第五節何仙姑講的是抓法。抓法一般從懷裡出手，所以說「鐵笊籬，懷中見」。一般先抓手，沿臂而上臉，叫作「猴爬杆」。（圖1-123）

當然也可以直接抓臉，也可以與撣眼配合，回手橫抓臉，與提手配合，向下回手抓臉，也可以與下插手配合，抓襠上提。所以說「上抓下抓隨他便」。抓的手法像猴，縮臂，垂肘磨

圖1-123

肋，快速伸縮，兩手倒替前抓，一手抓時，另一手護胸。
所以說「長伸短縮，通臂如猿」。身法步法的配合很重
要，像猴一樣上躥下跳，所以說「雖則是鸞顛鳳倒，也需
要側進身偏」。

圖中注「前腳虛懸」，這還不夠，手抓的同時，腳要
連蹦帶蹬。

蹁躍式醉步（圖1-124）

對身體各部題曰：肩推進著力，左手護胸，右手後叉
用力，後腳直插。

翩躍步、癲狂步就是醉步，意在偏閃入身，架子很
嚴密緊湊，忽左忽右，靈活多變，並不是醉得一塌糊塗。

（圖1-125）

這幅圖畫得不
到位，前腿應是「堅
腿」，後腿應是「箭
腿」，跪膝護襠。
（圖1-126）兩腿間
距不能那麼遠，不然
既不靈活又不嚴密。

閉陰大法（圖1-127）

前肩注曰「直
肩為妙」，後手注曰
「後手一扯」。

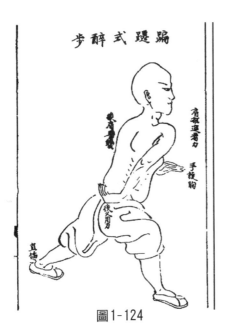

圖1-124

圖1-125

圖1-126

「閉陰大法」從防守的角度說是對陰部的封閉保護。前腳微彎，後腳略直，必然雙膝內扣，無論走邊門、走中門，都構成對陰部的保護，再加上連環膝，在進步時自然形成對敵腿的控制，襠部自然是安全的。從進攻的角度來講，閉陰大法是一種跌法，即「腳尖妙在向身用，微微一縮向天掀」。前面已講了很多「閉陰雙披」的例子。

《拳經》迷拳第五節「閉陰掃陰」：我向前走，走敵的右邊門。用左掌打他陰部，同時向左轉身，右掌向

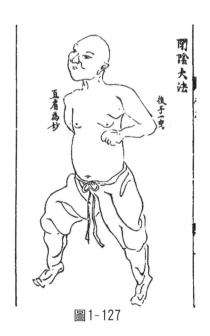

圖1-127

圖1-128　　　　　　　圖1-129

左推敵左臂，這就是「反身右掌救」（圖1-128），如敵想化解困局，上右步朝我左邊來，我左腳順勢向右邊溜，右腳插進他中門。右腳插的時候，仍然要閉陰。（圖1-129）

　　最後又強調指出：「若要打得真，撩陰終打透。」撩陰掌打得好，馬上就可結束戰鬥。

掃陰大法（圖1-130）

　　《拳經》迷拳第五節「閉陰掃陰」已包括了掃陰大法，不必再講。

　　該圖注曰「右推」。用於掃陰的左手注為「從插掌入手」。插下去再掃陰，如果一開始就掄圓了去掃陰，過早露形，敵有防範。

　　《拳經》醉八仙第三節講的是掃陰法。韓湘子拿著個竹筒子敲漁鼓。這個動作就是「裡裏外裹」（圈裡打開左右角，圈外打進懷裡來），少不了「插掌填拳」。打的時候暗含「掃陰大法」，掃陰時走邊門偏閃躲影，然後又突然翻躥回中門連擊。

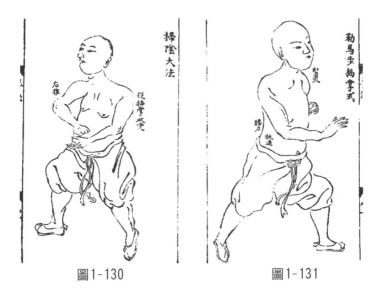

圖1-130　　　　　圖1-131

勒馬步插掌式（圖1-131）

此圖是行進中，一手後勒，另手前插，交替進行，快速難防。

對身體各部注為：「（後勒之臂）緊夾」（拳經對肘臂一再要求「緊夾」，從不要求「虛腋」，需要引起重視），「腰力抵進」（拳經一再強調「腰抵進」，腰不能過於向後弓，更不能撅屁股，也要引起重視）。

提步鐵閂式（圖1-132）

步「懸虛」，左手護胸，右手插得較低，帶有試探性質，敵下壓，我可速射步變提打或撣手。

騰挪偏閃式（圖1-133）

「騰挪偏閃」不是消極躲避，而是變換角度的進攻。

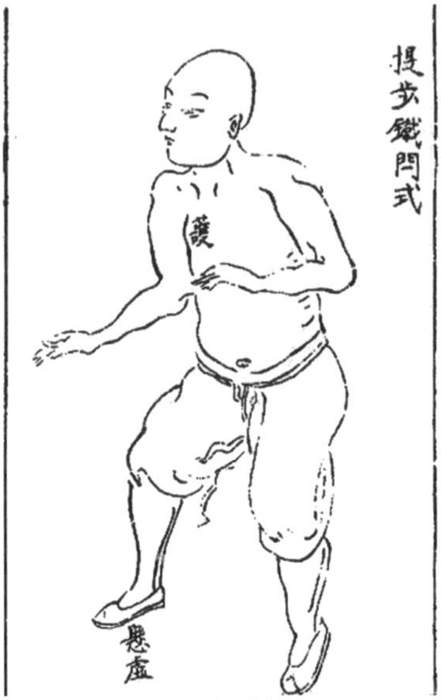

圖1-132

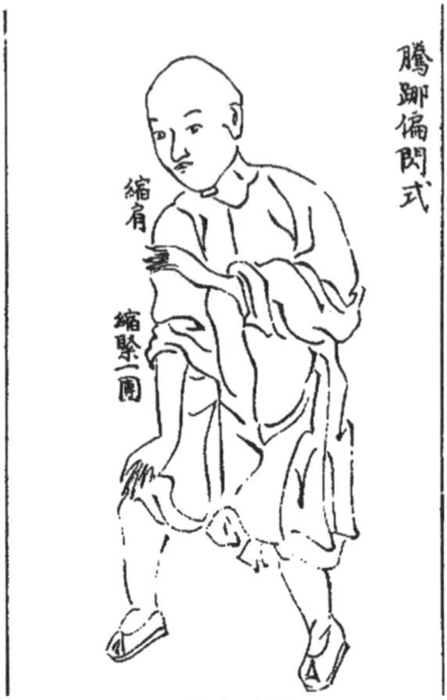

圖1-133

此圖一手下披，一手護胸，下面是閉陰蹁躚步，嚴密而富有彈性。圖中注曰「縮肩」「縮緊一團」。

「縮」的意圖有二：一是為了嚴密，一是為了有力地「伸」。所謂「縮如蛋，去如箭」，彈簧壓緊了才能發出巨大的彈力。可預見接下來的進攻將是多麼神速而有力。

已出插掌式（圖1-134）

插掌之初是向前插，到身插完之後，又變為掌根向前的「塌掌」，進行第二次打擊。如果他向下按，我還可以肘向下、向前，手就可以向上鎖喉，「出手不回」之意也。圖中注曰「直肩」，「（後手）著力」。後手向後，催動前手向前，這是矛盾勁。

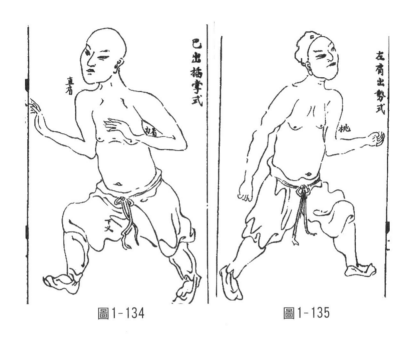

圖1-134　　　　　　　圖1-135

左肩出勢式（圖1-135）

前手注曰「挑」。下面步走中門，是「黃龍戲珠」進
法。

垂肩式（圖1-136）

右側題曰「四顧隨人而入」。對身體各部注曰「腰要
抵進」「肚要用力」。

這是猴形入手叼法，敵打我中盤，我垂肩含胸叼之。
其吸化之處在胸，腹部反而向前著力鼓盪，尾閭前兜。腰
向前抵進，右腳提起，眼顧敵虛漏，隨機而進，一套攻擊
性抓法瞬即展開。

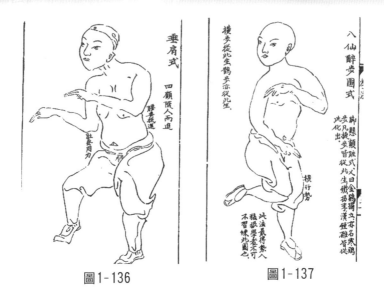

圖1-136 圖1-137

八仙醉步圖式（圖1-137）

右側題曰：「腳懸顛椿式，又曰金雞獨立，亦名寒雞步。凡捷步（快捷的步法）皆從此生。鐵拐李、漢鍾離皆從此化出。」左側題曰：「橫步從此生，鵲步亦從此生。」下題曰：「此法最得勢，入（缺「身」字）猛狠，血脂不可不習練此圖也。」可見對此圖的重視。

但是這幅圖畫的不到位，應該是右腳平提在左小腿內側，左腳單腿向右橫跳，同時右腳向右側橫蹬。（圖1-138）這幅圖看起來好像右腳尖向後叼，好在圖中對左腿注曰「橫行勢」，把問題說清了。

葫蘆式（圖1-139）

左側題曰：「玉山頹樣。凡閃步、跌步、奸步、拗步（這些步，前面都講過）皆從此出。回回步（見外死手之

圖1-138

葫蘆式

玉山頹挨瓦閃去跴其軒妄拗
其眉棲此出面回步者從此生

圖1-139

插花手）亦從此生。」

　　《拳經》醉八仙第一節講，漢鍾離背著一個葫蘆。取意葫蘆滾來滾去，搖搖晃晃的樣子，即所謂「玉山頹」，實際上是「仙人躲影」，讓來讓去隨他便。這在石家叫作「磨旋手」，走蹁躚步，腳下帶勾帶擺，膝帶跪帶撇，這就是「膝兒起，撇兩邊」。一邊走，雙手不斷作各方向的磨旋，這就是「牽前踏步，帶飛推肩」。（圖1-140、圖1-141）

圖1-140

圖1-141

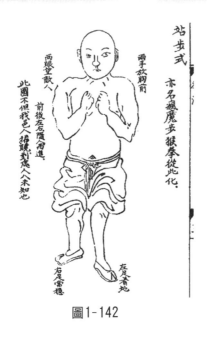

圖1-142

圖1-143

站步式（圖1-142）

右題：「亦名瘋魔步，猴拳從此化。」

左題：「此圖不但我邑人稀曉，到處人人未知也。」

對身體各部注曰「兩眼望敵人」，「兩手放胸前」，「左足著地」，「右足當穩」，「前後左右隨人而入」。

這個站法就是前面說過的「單邊待敵式」（圖1-143）。現在人人皆知，但那時各種拳的出勢都不是這樣，所以說「到處人人未知也」。

鐵拐李顛椿式（圖1-144）

右題曰：「醉步此中生，猴拳亦從此生出。」

左題曰：「肩帶垂勢，左（誤，當是右）足縮作一團，右手放去腰邊，其出時最緊密，不可亂傳。」

這個就是圖1-143的變化，更像一個挂單拐的習武之

人。

《拳經》醉八仙第
八節鐵拐李，講了一些
特殊的用法左投右撞，
用顛步（單腿跳）的橫
衝直撞，不但快捷突
然，而且帶有踹法、膝
法。「黃鶯磕耳」（見
裡死手之「黃鶯雙磕
耳」）。

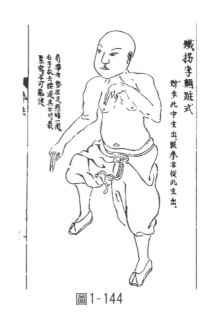

圖1-144

又講到那「一拐
一拐」的彎腳，實際
是「勾連腳」。該腳
法繞到人後面，單腳顛跳，從側後插足外門雙管（圖
1-145），或者單腳顛跳，從後面把人撞個大跟頭。（圖
1-146）見外死手之「馬五跟城」。

圖1-145

圖1-146

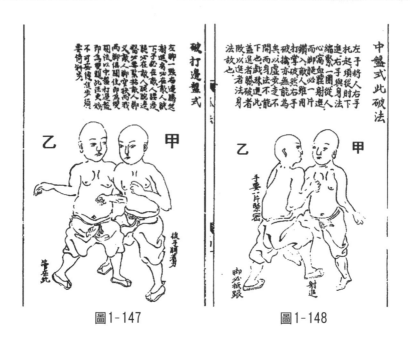

圖1-147　　　　　圖1-148

破打邊盤式（圖1-147）

中盤式此破法（圖1-148）

這兩幅圖有連帶關係，圖1-147講「邊盤」用法，圖1-148講用「中盤式」破「邊盤式」。為了解說方便，我把圖上標出「甲、乙」。

先講解圖1-147。

原圖有一大段題字，我一段一段地講解：

「左腳一點，右邊騰起射進」。設乙左直拳打來，甲用右肘掛開乙的左臂，左腳單腳顛跳，身騰起，右腳從乙身後射進。

「肩必在敵人腋下」，甲的右肩頂在乙的左腋下。

「手必在敵人腰邊」，甲的右手插在乙的腰邊。

　　「腳必在敵人腿腕邊」，甲的右腳和右腿扣住乙的左腿和左腳。

圖1-149

　　「臀必要緊黏敵人腳叉」，這裡說的「臀」實際是指大腿根部、胯和尾閭前面。臀頂勁，使大腿和胯緊貼敵前腿，並控制住他的腳踝。在這種情況下，藉助顛跳的衝擊力，肩、手同時向右前發靠勁，對方的腳已被管住，故必倒無疑。（圖1-149）

　　「後手膊著力」。發靠勁時，後手向後彈抖，發矛盾勁、彈抖勁。

　　「敵人腳窄狹，而我兩腳俱關住，即為雙關法」。如果敵人兩腳間距很小，甲的右腳就可以落在乙的後腳後面，把他兩隻腳都管住，所以圖中在乙的後腳後面注曰「管在此」，這叫雙管法。「進步需要倚斜步」。說上步時應走「倚斜步」，發靠勁。

　　前面說的是甲走邊盤靠乙，下面接著說乙走中盤破甲的邊盤跌法，即1-148講的「中盤破邊盤」中的文字講解：

　　「左手將人右手托起，須從肘下進」。乙向甲靠來，右腳還沒有落地時，迅速用左手把甲右肘托起，順勢從甲肘下入身。（圖1-150）

　　「右手與身法緊縮一團，從人心窩血膛射進，而腳腿必一片鑽入」。乙縮身，向左磨旋，使心口對準甲的心

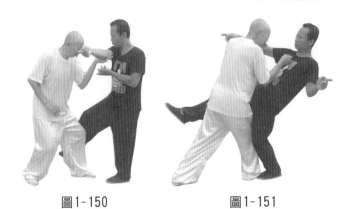

圖1-150　　　　　　　　　圖1-151

口。甲正在向右前方發力，乙正好走甲的十字線，在這個
角度，甲沒有支撐力。乙右腳大幅度一片射入，左腳也向
前緊跟，身手一片緊密，腰、臀一片向前抵進。甲右腳還
沒有落地就被打飛了。（圖1-151）

「敵人雖用打掌破，然右手被擒，亦無能為矣」。如
果甲右臂被乙抓托，則無法破解。

「以虛步走不開而身法不能下也」。甲右腳還沒有落
地，或還沒有站穩，無法變步躲閃，而右臂被托，身法無
法縮下，加之重心不穩，所以失敗。

「戲珠進此，蓋進者勝，破者敗，以進者身法故
也」。如果用「戲珠大法」進邊盤閉陰跌法，就不能用走
中盤法破了。一般進者勝，破者敗，這是因為進者身法穩
定的緣故。

走外盤式（圖1-152）

「人打進，而我將腳一閃，即將右手右腳一片射
進」。敵人右手打過來，我向左偏閃，左腳一扣，就到了

他的側後方。

「肩必從人腕下」。對方右手打得高，我縮身偏閃，肩就從他腕下繞到身後。

「手必從腰邊」。手隨肩進，走敵腰邊，這裡近而無手。

「臀必從人腿邊」。從他前腿外側進入。（圖1-153）左腳扣步後，向右擰身，左腳「顛跳」，右腳從他後襠向前插，右手右肩一片撞進。（圖1-154）

在古圖中甲的左腳註曰「腳一槧」，就是用單腿顛跳。「臀用力」，關鍵是用大腿根部和胯部撞擊，臀用力向前拱。在乙的左腳側注曰「腳射在此」，這行字應該標在乙左腳尖前面。甲的右腳要從後面射到他左腳前方，或者把他左腳尖踩住。

走外盤式

他處邊臀手必一將將人從此必從片右腳打此邊從從人射手一連會會人腰脫進右悶而悟擊腿邊下肩腳卹我

臀用力
腳射在此
腳卹

圖1-152

圖1-153

圖1-154

「此遜實擊虛，從此會悟也」。這都是避實擊虛之法。

「走外盤式」可參照外死手之「馬五跟城」和「插花手」。

玄機和尚步式（圖 1-155）

這個動作是練習「前堅後箭」步的基本功，叫作「前撐抽撤步」。玄機和尚的前後腳腳尖都向前，後腳跟不離地，很吃功夫。

透過對《拳經》古圖的研究，可以總結出幾種快捷簡便的進手方法：一插切，二展翅，三披揭，四戲珠，五捉蟾，六壓打，七叼抓，八勾挽，等等。如果再從裡外死手裡提煉一下，進手方法會更多。再加上身步翩躚，你的功夫會上升很大一個臺階。

圖 1-155

第2篇

《張氏短打拳》釋

　　《張氏短打拳》與前面的《拳經拳法備要》有一些內容相同，不再重複。此書前面有「拳說小略」，是序言一類，略過。

　　接下來是「習拳小引」和「授受原因序」，這是張橫秋所寫，算是本書的「引子」和「序言」，也不必細講。

　　大致意思是，張橫秋是一個默默無聞的窮秀才，流浪於他鄉，人們都以為他沒出息。然而他心裡卻充滿正義感，一心要用自己的武藝為社會做貢獻。

　　於是，他主動與人攀談，用現代話說就是「自己推銷自己」，從此一發不可收拾。

　　他不像一般拳師那樣把拳技據為己有，秘不傳人，而是提出了「既得其人，必授其真」的理念。只要選擇了中意人選，就要毫無保留地傳授給他真東西。

　　他說：「世之秘而不傳，傳而不真者，皆先生之罪也。」不傳就會失傳，傳假的就會謬種流傳，都是對歷史不負責任，對祖宗不負責任。

　　他還提出了「三年有成」的概念，只要師傅認真傳，徒弟認真學，三年就可有所成就，並不是深奧的不得了。

家傳秘訣

張橫秋說：「學拳之要，總不外乎身、手、腳三部而已。人能悟出此法，習練成熟，打為一片，無分上下左右。不論拳槍棍射，莫不得心應手。何須別費神力，另起爐灶，就能練就完整的武藝，這實在是秘訣之家傳也。」

古代習武向來沒有文字東西，只靠耳提面命，如果是很聰明的人，就能心領神會。如果是中等以下智力的人，如果不是早晨也說，晚上也講，是很難入其門的。

張衡秋沒有將家傳拳技據為私有，將秘訣藏起來，而是與志同道合之人一起習練，互相切磋，將家傳拳技廣播於世，造福後人。

家傳秘訣

刀對鞘直刺牽拳，手平肩下腰宜堅。

頭端面正眼勿閑，胸開背合體貴偏。

兩膝微彎偏齊下，後腳著力前腳懸。

靠後三分休拜出，拽來送去勢宜圓。

左右兩膀均勻練，根實指曉地莫研。

勢為坐馬腿夾緊，形似開弓腰下行。

還有一個真口訣，氣下臍平小腹膨。

練得熟時成一面，神清氣爽快無邊。

此是呆立第一法，偏閃騰挪也要言。

步踏梅花預偷半，橫衝直撞要滿填。

不動猶如文士立，一發疾如箭離弦。

刀對鞘直刺牽拳　他右手打來，我進玄步入懷。左手向左後牽他右臂，右手順他右臂對插進去直刺他腋窩。這就是「刀對鞘」，這裡泛指牽拳直刺的快捷手法。

手平肩下腰宜堅　「手平肩」是說兩手的位置。綿張拳的握拳法是拇指蓋在食指第二節上，叫作「蓋眼拳」，兩拳高與肩平，鬆握，「前手如拈線，後手如弄琴」。明朝名將唐順之說：「綿張拳護胸、肋、腰。溫家拳護頭、面、頸。」這也印證了綿張拳「手平肩」的位置，意在護胸、肋、腰。雙手在肩一線，肘必在肋，從頭到胸肋都是安全的。拳擊的手舉得高，那是因為有規則，腰帶以下不准擊打。古代武術沒有規則，所以手在肩的位置，上下都能照顧到。

「下腰宜堅」是說腿要微蹲，但腰部要堅挺。後面還說要「直豎身腰」。腰不能過於向後彎，抱成一個蛋，否則力道和靈活度不足。也不能向前塌腰挺胸，否則轉換不靈，應以直豎為佳。頭朝上頂，胯朝下坐，拔直腰身，尾閭前收，微微上提。穀道上提，將氣聚在丹田。不要噘屁股，曹煥斗也強調「不露臀」，或曰「三盤對天」，這樣才堅挺而靈活。

頭端面正眼勿閑　頭是全身的統帥，頭正則身正，頭歪則身歪，身歪則重心偏斜，行動笨拙。而且，頭歪必影響視線，即使在偏閃時頭也是正的。「眼勿閑」是說視線要犀利，眼要有神，給對手以震懾，不要眼神散亂，特別是不要閉眼。即使刀槍刺來也不要閉眼，因為瞬間的閉眼可能招來殺身之禍。

　　胸開背合體貴偏　「胸開背合」，有的地方說「胸開背夾」，這比較難理解。現在講究「含胸拔背」，可「胸開背合」不是與此相反嗎？是的。綿張拳的預備式就叫「坐馬拉弓」，左手如握弓，向前微撐，右手如控弦，向後微拉，就會感到胸向外開，肩胛骨向後合。這非常重要，因為拉開弓才能放箭。接敵時前手一碰就是「撐掌」，後手已是「拉弓」之勢，隨即放箭擊打，奇快無比。如果一開始就呈「合胸」狀態，等到與敵相碰再拉弓，已晚半拍。

　　預備式也叫「守門戶」，其實，「門」應當是虛掩的，不是把門關得緊緊的躲在裡面閉門不出。因為你還要出去進身、擊打，或者故意讓他攻進來，關門打狗。好的拳手，抱拳很放鬆，忽開忽合。而處於下風的拳手，兩拳始終緊緊抱在臉前，只合不開，一幅挨打的樣子。

　　【**注意**】坐馬拉弓並不是那種騎馬蹲襠式拉大弓的架子，那只適合演電視劇。

　　「體貴偏」是說要側身而立。一方面縮小迎敵面積，另一方面加大防守和擊打所需的旋轉角度和力度。良輪將「正身坐馬」（騎馬蹲襠勢）戲之為「山徑無事跨毛驢」。

　　兩膝微彎偏齊下　「兩膝微彎」是說兩腿微微下蹲，這樣彈性和支撐力俱佳。不要蹲成90度，那是練功。兩腿間距要小，膝部呈「跪膝」狀態，這在「前堅後箭」步講過。「偏齊下」是側身兩腿都下蹲。

　　後腳著力前腳懸　重心在後腿上，「前腳懸」並不是懸空，也不是常說的腳尖點地，而是微懸，雌雄腳。

　　靠後三分休拜出　大部分體重在後腿，不要像行抱拳禮那樣全壓到前腿上，那樣不靈活。但是，重心也不能過於靠後，前腿不能失去蹬勁，不然會前腿不「堅」。對敵時重心應在兩腿間不斷轉換。

　　拽來送去勢宜圓　「拽來送去」就是交手；「勢宜圓」即圓活。圓者，活也，化也。如蟒蛇之犀利，充滿彈性，綿軟光滑，無孔不入。不要死頂硬抗，僵硬不化，也不要把「圓」理解為架肘圓抱。

　　左右兩膀均勻練　一個手法，應該練成右手能用，左手也能用。

　　根實指蹺地莫研　還說過「跟實指翹，輕浮穩固」「腳跟不浮其便穩，足指須蹺擺掉靈」等語。綿張特別強調步法的靈活性和連續性，身體各部關節隨時處於不同方向的磨旋中。所謂「陰陽幻化」，主要指各關節的轉動。所以動步要先落腳跟，落腳掌過程中就有角度變化。腳落地後五指微翹，可以隨意變換角度，勾擺才能靈活。所謂「五指抓地，落地生根」其實是錯誤觀念。五指抓地重心必然壓向腳尖，轉動時就會造成對地面的摩擦，腳掌不能轉動，從腳到胯成了一個封閉系統，遇到管腿跪墜易受制。如果腳尖微翹，膝部受力時，自然會發生以腳跟為軸的轉動。他勁走空，我反而順勢變成叼纏勾刺，或變連環膝。這些技法的運用，要求腳不能死釘在那裡不動。

　　「輕浮穩固」，看上去矛盾，其實是對立統一的。只有做到步法的輕浮，才能達到穩固的目的。步法的穩固性是由步法的靈活性來實現的。搏擊情況千變萬化，平衡是

相對的，不平衡是絕對的。我發力或受力時，都會使自身發生不平衡，必須用步法調整，才能達到新的平衡。一旦腳被絆住，必倒無疑。

我們的理念是打「運動戰」，而不是「陣地戰」。只有腳步輕靈，才能乘隙搗虛，死中求活。要把對手當成「木人樁」，而不要使自己成了「木人樁」。誰都知道「樹挪死，人挪活」，現代各種搏擊沒有不動步的，「落地生根」就是「植物人」，死禁在那裡就會挨打。

綿張的動步是主動的，進攻性的，不是站不住了才被動動步。從進攻的角度講，或擺或勾，或蹬或踩，都不能死站著。所以又有「根落指懸神化用，輕浮堅固步中玄」之說。

勢為坐馬腿夾緊，形似開弓腰下行「坐馬拉弓」強調「腿夾緊」以護襠。但不要成為「鑷子腿」。綿張的步法是前腿微彎，後腿略直，前襠開，後臀裹，只要後腳尖基本朝前，就不會成為鑷子腿。「腰下行」是腰胯下沉，降低重心。

還有一個真口訣，氣下臍平小腹膨練得熟時成一面，神清氣爽快無邊。這是說練丹田氣，氣聚臍下二寸，使小腹膨脹起來。把腹肌練得非常堅硬，形成一個堅不可摧的平面。背肌和腹肌是人體最主要的兩大肌肉群，是發力時主要的力量源泉。腹肌又是內臟的保護牆，練好丹田就增強了抗擊打能力。橫膈肌向下的擴張，又增加了呼吸深度，練好丹田必然神清氣爽「樂無邊」。

此是呆立第一法這就是對敵預備勢，叫作「單邊待

敵勢」。（圖2-1）並不是站在那裡發呆，恰恰相反，綿張特別反對站著不動哪怕一秒鐘。在準備對敵時也要不斷地走動，重心不斷地變換，肩手不斷地微微開合，搶佔有利位置，突然發起攻擊。

圖2-1

偏閃騰挪也要言　還是強調避衝逃直，這在「千金秘訣問答歌」裡已經講過了。

步踏梅花預偷半　就是第一步要踩在對手前腳前面半步的位置，腳到這裡，只要肩與腳尖垂直就構著打他了。反過來說，他也構著我了，到這裡就應當萬念俱空，出手不留情。你不打他，他就打你，「臥榻之側，豈容他人安睡！」不論你到了這裡，還是他到了這裡，你必須出手打他。如果你不想打他，請先退後半步，離開這個敏感區，另找機會，免得遭到突然襲擊，出師不利。

橫衝直撞要滿填　這句話說的是打擊過程，既然戰爭已經開始，那就不是小打小鬧，而是狂轟濫炸，一鼓作氣殲滅之。一般來說中門最快，遇到弱者，就像是坦克一樣一路直撞。遇到強者就要偏閃，避實就虛，走偏門「橫衝」。不管是橫衝還是直撞，都要「滿填」，就是三盤對天，三鋒同進，整個身子射進去，而不是離得老遠，捅一下，摸一下。

不動猶如文士立，一發疾如箭離弦　這與「靜如處

女，動如猛虎」等說法一樣。遇敵先「示弱」，迷惑對方，乘其不備突然發起攻擊，給以毀滅性的打擊。

張橫秋的弟子良輪，有許多關於「跨馬開弓」的論述，將其列出，以備參考。如下：

余自得吾師秘傳身步之旨，勢成跨馬開弓，眾藝妙用無窮，為武技萬化之本。於是乃知騎射槍棍刀劍鞭鐧叉耙一切長短諸般器械，固其體用各殊，然而進攻退守之略，與夫砍殺擊刺之方，總不離乎拳法騰挪偏閃也。學者苟能於此中解悟，推究破解，則諸般器械皆得觸類旁通。即謂一法萬用，不待學而後能，誠今古未啟之門也。

立法以前足微彎，後足略直，將上身推排向前，緊對敵人，倘彼攻進，即側身往後一蹉，變為坐馬開弓，懸虛左足，以左手圈壓敵手足直下。

所謂「立法」，就是對敵預備式「跨馬開弓」，但他說將身體推排向前，即重心在前，緊對敵人，形成逼敵之勢。「對手進攻，將身向後一磋」，成為「坐馬拉弓」，也就是說「跨馬開弓」與「坐馬拉弓」是互變的，重心應該靈活轉換。

良輪關於「跨馬開弓」還有許多論述及詩歌，列於下：

欲肆拳技首練功，不知何處是真蹤，但求跨馬開弓義，一法通時萬法通。

跨馬開弓乃拳擊身步之祖：跨馬開弓萬化兼，騰挪偏閃是為先，進攻退守斯為重，百法因之發大源。

左右開弓為操持諸械所宗：左右開弓妙更奇，諸般器

械任操持。能知騎射真宗旨，拳技從此得精微。

身步坐馬，務須兩手開弓：坐馬開弓有即施，不開弓手作何技？若還坐馬無弓搩，問他坐馬做甚的？」（坐馬勢，手必拉弓，也就是胸開背合，不要含胸不開）

辟用正身坐馬之謬（「辟」即批也，批判正身坐馬的荒謬）：正身坐馬者，乃操練坐身之一端耳（蹲馬步只是一種練基本功的方法），非進退攻守之法，學者留心審之。正身坐馬不堪恃，徒將兩腳強支持。縱然能得身端正，山徑無事跨毛驢。

指流宗源：拳經要略在開弓，長短諸技一統宗。千般變化由斯運，萬種機關尚此通。莫道武論無妙義，只緣學者自迷蒙。不因騎射真詮論，百般操練總成空。（「坐馬開弓」來自於「騎射」之理）

根本莫忽：千言萬語重開弓，莫將根本自朦朧，一處成功千處用，武技大略拳歸宗。

臨場切要

眼要分明，認勢、認手、認腳。
身要圓活，宜側、宜斜、宜正。
手要健利，或披、或削、或衝。
步要輕固，要剛、要準、若嶷。
腿能飛騰，能高、能低、能平。
掌要快便，似雷、似電、似風。
至於兩相對敵，拳腳交攻，正是身心擾亂之際，必

要凝神定性，放出生平所學，方無敗北之羞也。若夫彼進我退，彼退我攻，彼急我緩，彼亂我靜。又在暇時習練純熟，臨敵無忘，其自然神清氣壯，不致手忙腳亂。如果快練認身，硬練活手，利練健步，堅練輕腿，重練飛掌，便饒他大聲喝我，我也不驚。任被狠手打來，我也不須迎，讓他勢過，略斜身步，雙手輕舒必中。大凡對敵比拼，要在見隙而攻，乘虛而進。更欲膽大，為最總之百般訣竅。說與吾輩知音，誠然一語千金，寧不深信乎？

「臨場」就是上場比賽；「切要」就是要點。

眼要分明，隨時注意判斷三個方面的問題及其變化

一是對方拉了個什麼架勢；二是對方用的是什麼手法；三是對方走的是什麼步法，善用什麼腿法。

身形架勢要圓活，前面講過「捜來送去勢宜圓」，這裡又加了一個「活」字，要隨敵而變，不要拉死架勢，用傻力氣。「宜側」就是側身站立，有利於縮小迎敵面積，便於擰身發力。但也不要過於側，難以左右逢源。「宜斜」是說立身的角度，不要站在對手進攻的中軸線上，要避衝逃直，選擇有利角度。「宜正」是說身體端正，不要前俯後仰，左歪右斜。

手要剛健快捷，「披」就是從上向斜後方披下。「削」就是用小魚際切削。「衝」就是直刺牽拳。這些排比句措辭，只是形容手法快捷多變，並非手法全部。

步法輕浮穩固的問題前面已經講過了。「要剛」就是要有力度，「跪膝如矢」「橫衝直撞」。「要準」就是前面講過踩位的步點，步點踩得準，或打，或跌，十拿九穩。

步點散亂，必敗無疑。「若嶷」，嶷者，交錯之山也。是說步法的縱橫交錯。

掌要快便。「快」的原因在「便」，要取「便捷」的原則，走捷徑，怎麼簡單怎麼來，不要玩花活，圖好看，耽誤時間。比如，綿張的「雙插花」，就是後世的「玉女穿梭」，但「雙插花」簡單得超出想像，怎麼也與玉女穿梭聯繫不到一起，因此經常使用，非常兇猛。正因為它簡單便捷，才「似雷、似電、似風」。

最後講的是「心態」。任何不良情緒，都會影響技術的發揮。從容的心態是因為心裡有底，心裡有底來自於平時刻苦訓練。平時練得紮實，心裡就不會緊張，他大聲喊我也不受干擾，因為一緊張就會出現漏洞。

這裡還提出了「不遮不架」的原則，即你打你的，我打我的。向斜前方斜身進步，就是他的空檔，出手必中。與敵比拼，要見隙而攻，乘虛而進，必須心態平和，才能發現對方的弱點。所以說，膽大為最終之訣竅。膽小、緊張則有技術也發揮不好。因此，歷代武術家都強調一個「勇」字。戚繼光在《紀效新書》裡說：「對敵若無膽當先，空自身輕體便。」綿張把膽大作為「最終之百般訣竅」，必須加深理解。

拳法備要

總歌訣

舒形在勢袖填拳，掌按陰陽次第間。

審勢分明知躲閃，防身斜側識正偏。

進攻推託步偷半，插打搬拿學貴全。

臨場欲忌心手亂，閒居發憤讀茲篇。

　　該總歌訣的大概意思就是架勢要舒展圓活。前手是撐掌，後手是填拳。兩手陰陽相對，隨時陰陽變幻。要懂得審時度勢，避實就虛，懂得走子午線、十字線，通懷正進，之玄偏走。進攻接敵時要「步偷半」，就是前面講過的「腳踏梅花預偷半」。「插打搬拿」泛指各種技法，要學全、練精，隨時取用。臨場應用時最忌手忙心亂，因此平時要好好地讀讀這首歌訣。

身法旨要

頭端面正手平分，直豎身腰腿護陰。

斜立足分丁八字，勢如跨馬拽弓形。

腳跟不浮其便穩，足指須蹺擺掉靈。

肘動腳跟同進退，肩投腰襯臀齊行。

反伸復縮隨舒捲，偏閃騰挪勢勢承。

練習常如寡敵眾，橫衝直撞莫留停。

　　不要前俯後仰，左歪右斜，這在前面講過。「手平分」，即兩手與肩平，左手在左肩前一點，右手在從左肩到右肩的中間，兩手的任務也應有合理分配。直豎身腰和夾腿護陰，前面已講過了。「丁八字」實際是前腿微彎後腿略直的不丁不八，而不是前橫後直的大丁八。「跨馬拽弓形」前面也講過了。腳跟不離地就穩固；腳趾蹺起來擺掉才靈活，才能根據形勢的變化，靈活改變腳尖的方向和角度，化解對手下盤攻勢並靈活運用各種腿法。

肘動腳跟同進退 是說動肘就動步。肘一動，腳就要跟著動。技擊三大要素：速度、距離、角度，哪一項都離不開步法。

先說速度，站在原地打一拳，只是臂的速度，動步就加了移動的速度和身體的慣性，力度要大得多。可惜我們許多拳法主張定步出拳，或進了前步不知道後腳跟步，皆非拳經之意也。

距離更離不開步法，接近敵人，偏閃騰挪，無不依靠步法。如果不動步，只靠手去調整距離，手就會伸得太遠，漏洞百出。

角度的調整也離不開步法。稍一向斜前方動步，角度就會發生根本性的變化。但是人們往往不知道動步，只用臂和腰晃悠，十分吃力但效果不大。因為違背了「肘動腳跟同進退」這條原則。

肩投腰襯臀齊行 這是動步的要領。動步時肩、腰、臀保持在同一條垂線上，使整個身體同進退，才能做到「橫衝直撞要滿填」。

首先是肩，進身先進肩，從某種意義上說，綿張的進法是用肩撞進去的。但是，進肩不進腰、臀，必然前俯失穩，所以要「腰襯臀齊行」，即肩、膝、腳尖要在一條垂線上，臀與前腳根在一條垂線上，整個身體「填」進去，才能欺身占位，將對方全身逼住。

反伸復縮隨舒捲 是講身法，縮是積聚能量，伸是爆發。肢體的反覆伸縮要伴隨有身體的舒捲、吞吐。身體的舒捲核心是丹田的舒捲，也就是核心肌群的舒捲運動，

再加上呼吸的配合，橫膈膜的升降運動，就可形成強大的整勁。舒捲在於丹田立轉，猶如海浪，海水先向後吸，再向上捲起來，然後向前、向下拍過來，排山倒海，無堅不摧。丹田的捲舒與海浪一樣，先是命門吸丹田，丹田向後，貼著脊椎向上吸起，這就是「吞」。接著命門催丹田，丹田向前、向下催出，同時呼氣，這叫「吐」。丹田轉了一個立圈，帶動軀幹捲了一個大浪。吞的過程就是化勁，吐的過程就是發勁，捲的過程是拉弓，舒的過程是放箭。肢體的伸縮是力的外在表現，身體的舒捲是力的內在表現。任何一個技擊動作都不是個別肢體的局部力量，而必須是伴隨有身體卷舒的整體力。

至於「反伸復縮」，細究起來還包含陰陽變化，「反」是手心向上翻，「復」是手心向下翻。手向前鑽伸時，一般向「陽」的方向轉。回手捋拽時，一般向陰的方向轉，這就叫「反伸復縮」。但動力之源在身體的舒捲，手的動作是跟隨身體舒捲而動的。

偏閃騰挪勢勢承 承者，承接也，連接也。綿張拳的步法、打法都是連貫的，一連串的組合拳，一招接一招。不是打一下就完，也不是打一下停一下。因此說「練習常如寡敵眾，橫衝直撞莫留停」。

手法旨要

撐拳托掌若風煙，劈砍抓拿勢貴偏。

牽來送去腳管硬，勾搬裏挽削披連。

三盤內分須純練，前後高低擇打全。

一日無間三年內，發手如雷山也顛。

撐拳托掌若風煙，劈砍抓拿勢貴偏 「撐拳托掌」泛指擊打。「若風煙」有兩方面含義：一是要快，如風似電；二是多變，「出手不回隨敵變」，縹緲如煙，見縫就鑽，摸不著，擋不住。

「劈砍抓拿」泛指各種手法。使用這些手法必須伴有身勢的偏轉、磨旋，正身直立當然不行。

牽來送去腳管硬 是講跌法。「牽來」是向自身方向的拖捋；「送去」是向外發放。不論牽來或送去，都要管住腳。綿張管腳基本分四種方法：我右腳在他右腳內側，叫中門管腳。我右腳在他右腳外側，叫外門管腳。我左腳在他右腳外側，叫邊門管腳。我腳插在他兩腿中間，叫中門雙管。管腳之腿要堅硬，或向腿的相反方向勾叼，他就會跌到。

勾搬裏挽削披連 泛指破手進身法。「勾挽」法在前面講過了。「搬」是橫向勾捋纏帶；「裏」是用小臂尺骨側向裡攔截；「削」是用小魚際切削；「披」用掌側小魚際向斜後方劈截；「連」字含義最深：

第一，防守型手法必須與進攻型手法相連。比如，對手右手打來，我用右手向左後方披，同時左手就打他臉。

第二，防守型手法必須與進步入身相連。披的同時要進步入身，而我們往往在防守時向後躲。

第三，各種手法步法相連，形成組合拳，連續使用，使對手沒有喘息的機會。

三盤內分須純練 上、中、下三盤，即全身各部位都練到、練純。

前後高低擇打全　綿張的特點是不打一個地方，因此各種打法都要練全。

最後說，苦練三年，就會有所成就。這要有兩個條件：一是弟子肯下苦功夫；二是師傅不保守。

張橫秋說過「既得其人，必授其真」，令人敬仰。可惜後來綿張拳又被密藏起來了，導致現在幾近滅絕。

步法旨要

兩膝微彎力自然，撐前箭後練成堅。

之步順閃騰挪便，玄逕斜出反回圈。

翻覆旋顧肩平硬，膝雄跟踹半勾臁。

根落指懸神化用，輕浮堅固步中玄。

前兩句說的是「前堅後箭」步，前面已經講過了。其實這是人在發力時的自然形態，比如，你用鐵鍬鏟土時，就是前堅後箭步，所以說「力自然」。真正的武術都追求人的自然狀態，並不追求高難度的架子。

「之步」是順勢向左前方上步，順時針轉身，所以叫「順閃騰挪」。這時，敵必向右轉身企圖對抗，我順勢向右前方上玄步，返回原位，正好打他中門，這就是「玄逕斜出反回圈」。

「顧」是防守，把敵手腳破掉，旋來轉去。當然不只是顧，顧的同時就打，力在腰間，故在左旋右轉時，要保持身正肩平，橫衝直撞的態勢。許多人的防守是站在原地，靠向前低頭俯身，向後仰頭仰身，左歪右斜，歪頭歪腰來躲閃，使自己重心偏斜，視線受制。由於不動步，還是處在對手射角之內。綿張的步法是運動戰，是主動的戰

略轉移，在運動中殲滅敵人。提腿動步，要保持「膝在腳前」的狀態，膝銳如矢，這就是「膝雄」。腳跟先落地，以保證腳尖可以轉動靈活，並含有蹬、踹、踩之意，即「跟踹」。腳落地後，腳尖微微內扣，一為護襠，二為堅膝強腿，三為扣管敵腿，形成勾鐮腳，故曰「半勾鐮」。

「根落指懸神化用，輕浮堅固步中玄」。這些步中玄妙在前面都說過了，此處不作詳解。

眼法旨要

兩眼睜睜若朗星，頭端審勢更分明。

照前顧後疾如電，輾動周旋似轉輪。

覷定敵人身手腳，乘虛攻擊快如神。

臨場對敵人難近，全在雙眸練得清。

眼要有神，頭要正，頭歪則眼斜，俯仰則看不見正前方。眼要照顧全域，不要觀其一點，不及其餘。「覷定敵人身手腳」，這是需要注意觀察的主要地方。

注意，這裡用了一個「覷」字，就是偷看，用餘光掃視，遍及全身。我逼視對手雙眼，對他形成威脅。眼是心靈的視窗，對手的心態變化會從眼神中透露出來。是自信、是膽怯、是硬攻，看眼知手動，看肩知腳動。

搏擊時不要專注梢節，手腳甚快，眼花繚亂，看不清，專注一點，丟失全局，就會挨打。即使在單人練套路時，也要假想眼看敵人的面部，要養成習慣，一般說打拳時看自己的手，那是表演。

眼要善於發現對手的空隙，迅即「乘虛攻擊快如神」。眼神非常重要，「臨場對敵人難近，全在雙眸練得清」。

氣法旨要

緊閉牙關口莫開，口開氣洩力何來。

須分存氣常充腹，貫通筋骨壯形骸。

翻覆迴旋身輾動，煞手休將氣放懷。

終朝習練常如是，體堅勝似鐵鋼胎。

要緊閉牙關。

其一，防止傷齒傷舌。

其二，發力時必咬牙切齒。

其三，最主要是為了存氣，嘴張氣洩，氣喘吁吁，就沒了力氣。

但是，石家綿張反對使勁咬牙，使勁咬牙會造成肌肉過於緊張，還會激發心理產生「怒」，而怒會造成僵硬錯亂。

呼氣時不要把氣全呼出去，要分出一部分經常存在丹田「常充腹」，這就是我們常說的「底氣」，如果沒了底氣還怎麼打？所以這部分用來「常充腹」的氣，要翻來覆去，隨著身體的輾動而周身旋轉。「煞手休將氣放懷」，打完了拳，「煞手」了，要把氣全放出去，不要再憋著。「終朝習練常如是，體堅勝似鐵鋼胎」，每天這樣練拳、練氣，就會把身體練得如鋼似鐵。

常見有兩種錯誤做法：

一是憋著氣打拳，拳沒打完，氣沒了。

二是只呼不吸，同樣上氣不接下氣。

一般來說，練拳架子的時候，化勁時吸氣，發勁時呼氣。吸氣時尾閭前兜，命門向後吸丹田。發勁時尾閭後

彈，命門向前催丹田。

但實戰時情況就不同了，一秒鐘打好幾拳，那麼快的呼吸豈不成了喘息？再說，打就是化，化就是打，化的同時就發。所以，吸也可發，呼也可發，要學會控制「氣口」，留有「底氣」，還要會「偷氣」。呼氣時還能發聲，這是「化吸」「呼發」，是我們一般練拳架子時，或在搏擊時有充足時間發大力地呼吸方法。吸也發力，呼也發力，這是自然呼吸法，也是「逗敵」時的呼吸方法。

連續地有控制的呼氣、吸氣，這種吸氣之快，外人都看不出的吸氣動作，就叫「偷氣」。這是搏擊時連續發力的呼吸法。連續發力時，不會把氣全用完了才喘氣，體內總是保留一部分氣，這就是「底氣」。

所以平時打拳要下大工夫練氣：首先要加大吸氣的深度，叫作「氣沉丹田」。其實就是橫膈膜向下沉，擴大肺部的活動空間。如果只用胸腔呼吸，那叫「喘氣」，支持不了多長時間。所以一定要練丹田氣，使小腹膨脹起來。其次是要練控制「氣口」，控制氣均勻地、不斷地、一點不浪費地使用。最後還要學會快速地「偷氣」。

不但搏擊時這樣，練綿張套路時也要這樣，綿張套路與一般拳套路不一樣，他是一種「上不停手，下不停步」，並連續發力的套路，不能用簡單的呼吸方法解決問題。

良輪就練氣寫了很多詩訣，名曰「內錦氣血入門六章」如下：

其一，但識拳技空操練，內錦機關怎得知？漫道工深特無上，還須運氣立根基。

其二，內壯形骸氣作君，流通筋骨保此生。饒君剛健如狼虎，不知運氣定傷身。

其三，金剛氣訣本無蹤，悟徹仙徑路便通。要知至道通玄處，先教呼吸到臍宮。

其四，丹田呼吸氣流通，肚腹腰肢漸漸充。一往一來須著意，心歸到處氣歸宗。

其五，百骸運到始成功，渾身氣血自流通。不希駭世爭名利，可向無為悟道蹤。

其六，氣到功成樂自然，不爭名利不希仙。有意人間播名譽，從此途岐別有天。

百法同源

訣一

道在師傳學在專，其中奧妙最深玄。

拳法千般習不盡，機關萬種卒難言。

總之熟銳能生巧，處處相承節節連。

諸般器用成每勢，一法疏通百法全。

「道」在於老師的傳授，但能不能學好關鍵在於專一。多則惑，少則得，不要好高騖遠，貪多嚼不爛。一招一勢都深奧玄妙，對前一勢不能深刻的理解，就會影響對下一勢的理解，稀裡糊塗地學下去，好比囫圇吞棗，學不到手。那麼多的拳法，你不可能全學盡，拳理、招法、變化，機關萬種，一時半會說不完。但是，張橫秋告訴我們最重要的一點就是「熟能生巧」，關鍵是練用法，一個招

法往人身上使用一百遍，你就能悟出勁，悟出法，悟出道。從哲學的角度來說，矛盾的普遍性就隱藏在矛盾的特殊性之中。解剖了一隻麻雀你就知道了別的麻雀的結構，甚至悟出了所有鳥類的大體結構。

拳勢是「處處相承節節連」，甚至這一拳種與另一拳種也是有關聯的，弄懂了這個，也就弄懂了另外一個。「諸般器用成每勢」，是說器械也是從拳勢變化而來的，刀槍是手臂的延長，拳精了，也就懂了器械。

張橫秋最後的結論是：「一法疏通百法全」。說白了，練武主要是一個熟練過程。學武術不同於學算術，學算術只要弄懂了公式就能算出來，學武術光懂得原理可不行，練到身上的才是拳。熟練的過程，就是一個千錘百煉的過程，需要很長的時間，因此，學習的內容也需要相對的專一。「不怕千招會，就怕一招精」，人本身具有從實踐中總結經驗並不斷提高的能力，「熟能生巧」，巧的前提是熟，熟的前提是專一。

歷史上有不少專精一兩招的武術家，如程咬金的三斧子沒幾個人能對付。即使十八般武藝皆精的人，也只要有一兩招殺手鐧作為看家本領。衡量一個人武藝高低，不是看會多少套拳，而是看有沒有克敵制勝的絕招。

訣二

費盡精神用盡心，百般砥礪跌成能。

剪暴除奸方展開，恃強逆理莫欺人。

秘授賢良濟危困，休傳邪佞害蒼生。

大道等閒若濫泄，須知九族盡遭刑。

　　這說的是武德，費盡精神用盡心，學了武藝幹什麼用呢？那時叫作「剪暴除奸」，除暴安良，現在叫「見義勇為」。即使見義勇為，也不能超越法律的界限，置人於死地，這就是「技戒輕施」。這樣，武術運動才能開展起來。不要覺得有兩下子，就「恃強逆理」，做傷天害理的勾當，仗勢欺人。

　　作為師傅要「密授賢良」，教給正人君子去救濟危困，為社會做好事，不要傳給那些「邪妄」的傢伙去殘害蒼生，這麼好的拳法如果輕易地洩露出去，鬧出事來，就會引來誅滅九族的大禍。現在當然不會誅連九族了，但武德還是要放到首位，而且要遵紀守法。

良輪論步釋

　　在《張氏短打拳》這本書的後面，張橫秋的弟子良輪對張氏拳的步法作了全面的闡述。良輪指出：「不具三法者尤不可以宗拳也。」何為三法？乃手法、身法、步法是也。三法之首乃步法，以步為主，以手為用。步者根也，身者本也，手者枝也。步法不只是需要快速便捷，更要「輕浮堅固」，尤其要「跟實指懸」，既沉穩又靈活移動。換步之間，就帶有撇膝勾臁，「跟踹尖蹺腿隨行」。技法的發出要迎鋒觸敵，剛柔相乘，對手稍有停頓就黏挨直入。對手硬打硬進就順勢斜步還擊，讓中不讓，不攻而攻，無中生有，絕處重生。

　　這裡確立了手是門戶，用以掩護全身，當然不可忽

視。但是，如果不是身體回環轉動配合，只憑手是不可能
抵禦鋒芒的進攻。然而，雖然身、手具備了圓活的技巧，
如果沒有步法的進退和承載，最終還是難以避開對手的衝
擊，無法逃離攻擊中軸線。即使你能歪著身子偏閃，擰著
腰斜側，但是，手動而腳不回應，身轉動而步法遲慢，進
不能進，退不能退，怎麼能克敵制勝啊！只追求手法，將
步法置之度外，就是捨本求末。

　　良輪進一步指出，步法不只是一個「快」的問題，更
重要的是角度的變化，和暗腿、暗膝的運用。應該「輕浮
堅固」，其要點是「跟實指懸」，很沉穩，卻又可以很方
便地磨旋移動。步法前行的同時，就伴隨撇膝、勾膁、踢
踹等技法。這些攻擊，不必等待「意」發出指令，而是伴
隨著「步」自然降臨的。迎鋒而上，觸敵而變，左「之」
右「玄」，偏閃騰挪，躲影蹁躚，巧妙地擊敗對手。這叫
作「讓中不讓」「不攻而攻」「無中生有」「絕處重生」。
這才能稱得上是步法。

五點梅花步

　　古傳梅花五步圖有多種畫法，良輪附上兩幅古傳梅花
步圖、三角步圖，隨即說：「此即古梅玄五步之真傳也，
獨運用闊大耳，潰重圍克大敵，非此無以當之，而拳技綱
領盡於此矣。但步雖不一家，然法實宗一派，故而梅玄五
步為諸家首領，若山之祖脈，如水之大源。即使諸家步法
並列，莫能脫其範圍，至於三角之玄，實即以宗其變化也。
秘傳妙用亦所罕有，志在雄名者，尤當究心效法焉。」

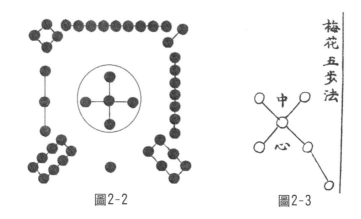

圖2-2　　　　　　　　　圖2-3

　　這裡強調梅玄五步為諸家步法之首，若山之祖脈，如水之大源。步法雖然不止一家，但實際上都遵循著一派。即使把各門各派的步法都擺列出來，都不能超出「梅玄五步」的範圍。至於「之玄步」「三角步」，實際都是根據「梅玄五步」演化出來的。這種秘傳妙用是難以見到的，有志於爭雄揚名的人，尤其應當下大工夫研究效法。

　　其實，「河圖」「洛書」「九宮」「八卦」的中心都是「梅花五點」，這裡是千變萬化的源泉。（圖2-2）

　　武術的步法、勁路不外「橫」「豎」二字，是個十字結構，加上斜線就是「四門八角」。綿張拳的「梅花五步」變化無窮，通懷步對應分隔號，之玄步對應橫線，三角步後繞。避衝逃直，大法蹦躚，走門占位，都在步上。

　　下面，我們就依照《拳經拳法備要》中所載「梅花五步圖」（圖2-3）研究一下五點梅花步的玄機。（這幅圖斜下方的一點，標的是進入梅花圖所走的一步，把這點省略掉，就剩下五個點）

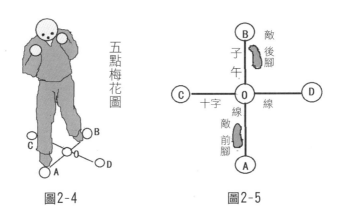

圖2-4　　　　　　　　　圖2-5

假設敵右腳在前，左腳在後，側身站立，他的前腳為A點，後腳為B點，右側為C點，左側為D點，中心為O點，這樣就形成類似梅花的五個點。（圖2-4）

　　AB連線叫「子午線」，是「豎勁」所在，乃走中門必經之路。從這裡進攻路線最短，最快捷。但對方在這條線上必有重兵把守，有很強的支撐力，走中門需力強降力弱。CD連線叫「十字線」，是「橫勁」所在，支撐力最小，乃偏閃騰挪，走偏門攻擊首選之路，跌撲也常取此線。（圖2-5）

　　以橫破豎，以豎破橫，乃武術勁路的基本道理。敵豎勁攻來，我走十字線以橫勁破之；敵橫勁攻來，我稍轉身，以我的子午線對向他，則橫亦成豎。

　　一種豎向步和一種橫向步，就包含了所有步法的基本走向。豎向線就是武術的「經線」，橫向線就是武術的「緯線」，可知，五點梅花步就是武術的「經緯」。從A點方向進攻是中門，從C點方向進攻是左門，從D點方向

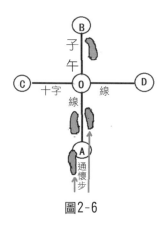

圖2-6

進攻是右門,從B點方向進攻是後門,所以又叫「四門線」。

沿子午線進身,所產生出的步法叫「通懷步」,(圖2-6)就是走中門直進懷裡。但是,如果弱者遇到強者則需「偏閃」,即使實力相當也常需出奇制勝。

於是,張橫秋又推演出「之玄二步」。「之」字一道彎,「玄」字兩道彎,取其彎曲之意。向左門方向偏閃進步,叫作「之步」。(圖2-7)

向右門方向偏閃進步,叫作「玄步」。(圖2-8)

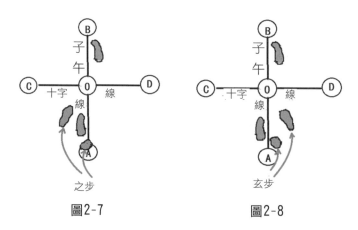

圖2-7　　　　　　　　圖2-8

之玄可以互變。因為偏閃是一瞬間的事,接著就要走下一步。比如,我左腳走「之步」,向「圈外」偏閃,到他身側後擊打。(圖2-9)接著,右腳走「玄步」,又轉

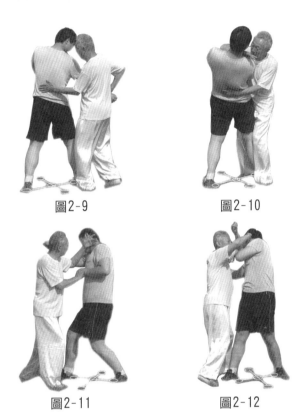

圖2-9　　　　　　圖2-10

圖2-11　　　　　　圖2-12

到「圈裡」擊打，（圖2-10）左右逢源，防不勝防。這就是「開去人難略，翻來臉上紅」。

同樣，「玄步」也可以變「之步」。例如，我右腳向右前方進玄步打擊後，（圖2-11）再向左前方進之步擊打，這就是「玄徑斜出返回圈」。（圖2-12）

如果左腳踏A點前面，右腳向左前方上擺步，左腳向右前方上扣步，就是一個「三角步」。（圖2-13）

這樣兩步，就到了他的身後。（圖2-14、圖2-15）

「三角步」的「擺扣」可以用來變換方向，扣腳管

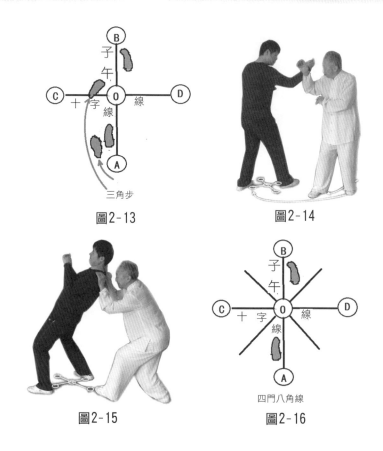

圖2-13

圖2-14

圖2-15

圖2-16

腿。後世叫作「擺扣步」。當然，向裡門也能走「三角步」，叫作「斜出正入」。

在梅花步十字線基礎上，再加上四條斜線，叫「四門八角線」。（圖2-16）四個正方向叫作「四正」，四個斜向線叫作「四隅」，這也是太極拳勁路的理論基礎。

這又像一個「米」字，產生了「米字勁」的理論。

這八條線所指的八個方位，又包含了八卦掌的理論。圖2-17）當然梅花五點也可以用金、木、水、火、土來表

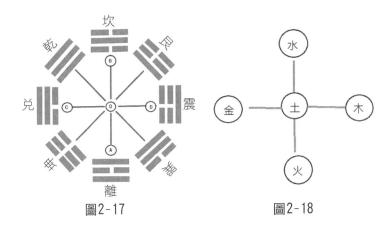

圖2-17

圖2-18

示，（圖2-18）中心點是土，體現步步不失中之意。這五個方位也可以用天干、地支來表示。（圖2-19）完全符合中國傳統，符合道家的各種理論。

因此說，五點梅花步「若山之祖脈，如水之大源」，即使武術界「諸家步法並列，莫能脫其範圍」。所以，良輪說：「志於拳技者，當體認為經緯，則百法已自無遺，學者宜深味之。」

在「四門八角線」框架上，可以標出四門步法路線圖。通懷步走中門，之步走左門，玄步走右門，三角步走後門。再標出走「門」常用的「步點」，就成「四門八角踩位

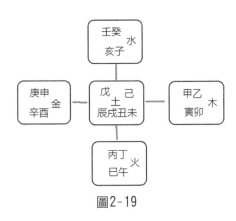

圖2-19

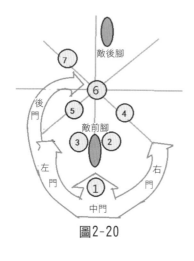

敵後腳

後門

敵前腳

左門 右門

中門

圖2-20

圖」，猶如行軍佈陣搶佔有利地形。（圖2-20）

一般來說，通懷步走中門，「1」號位在他前腳前半步，踩此位就是「腳踏梅花預偷半」。一般起手先走此位，遇弱則「對懷衝」，遇強則「之玄」「翻躍」。此點位稍向前移就是踩腳。

「2」號位。踏此位附近可以使用跪膝諸法。與外腿配合，形成連環膝。勾、捯、叼。用同側腿進可撤跪膝。

「3」號位。同側腿踏此位附近可以使用「邊門管腿」。使用磨旋跪膝諸法，兩腿配合成捯腿之法。連環膝。亦可勾鐮、捯腳，上提可叼腿彎。對側腿踏此位附近成外門管腿，使用多種跌法。

「4」號位。右腳進玄步踏此位附近，偏閃的同時實現攻擊。右腳翻躍醉步踩此位可使用十字跌等法。中門雙管一般沿此斜線射入。

「5」號位。左腳之步踏此位附近成仙人躲影，進行側後攻擊或之玄互變。可使用各種蹬腿之法、跌法。右腳踩此位，可使用刺腿跌法、起二腿等跌法。外門雙管一般沿此斜線附近射入。

「6」號位。在他兩腿之間，以橫打順經此衝撞。左腳踩此位附近可向後叼他右腿成「挑勾子」，右腳踩此位

附近，左腳偷步後插，走後斜線，右腿後刺，用倒行三角步跌之。

「7」號位，一般用三角步走後門，兩步到此，亦可用「之步」一步到此。跌打皆宜，扒肩就倒。

這些點位只是提供幾條思路，並非死點，關鍵在於步法靈活，不可釘地死站，才能變死門為活門，變被動為主動。

良輪說，不同的古書所畫的古傳梅花步圖都不盡相同，因為古代練法早已丟失，現在流傳的是張橫秋所傳的練法。

良輪寫道：「此即古傳『梅花五步』也，梅花一變而為三角，世多尚之，亦訣法遺漏，習者迷蒙，無非視為共套耳。」

於是，良輪重新畫了「梅花五步」圖，並注明走法。稱為「內家密授，大敵梅玄五步橫衝直撞圖訣」。（圖2-21）現在，就用良輪畫的圖和他注解的走法，解讀如下。古圖中以黑線代表右腳，以白線代表左腳，點位按順序標號。

練前在圖前站立。（圖2-22）

1. 左腳踏1號點位。（圖2-23）注意從動步一開始就要符合前堅後箭的原則，以後各步皆然。腳跟落地後，腳尖向裡扣。

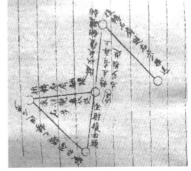

圖2-21

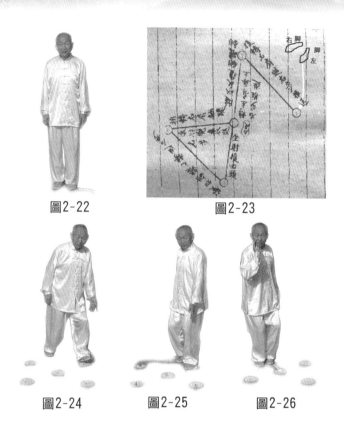

圖2-22　　　　　　　　圖2-23

圖2-24　　　　圖2-25　　　　圖2-26

（圖2-24）右腳附於左腳內側，左手撩擊。這實際上是一個「之步」。（圖2-25）

　　2. 右腳從1號點位進到2號點位，腳跟落地後，腳尖向裡扣。左腳附於右腳內側，右手托擊，這實際上是一個「玄步」。（圖2-26）良輪標注：復轉右肩進右步推送。「推送」就是右肩撞進，右手推打。（圖2-27）

　　3. 左腳經右腳內側進到中心點，即3號點位，腳尖向前，左拳前擊。這實際上是一個「通懷步」。（圖2-28）良輪標注：轉左肩再上左步推進。就是左肩撞進，左手前

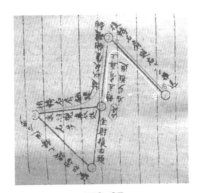

圖2-27　　　　　　　　圖2-28

擊。這個地方抄書的人抄錯了一個字，把「左」寫成了
「右」。（圖2-29）

　　4.右腳從2號點位，經
左腳內側進到4號點位，腳
尖外擺，這是一個「三角
步」的「擺」。（圖2-30）
右手隨右胯從下向前兜上
來變刁挽。良輪標注：滾
肘兜囊進右步。（圖2-31）

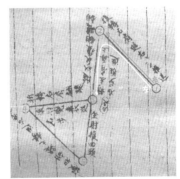

圖2-29

圖2-30

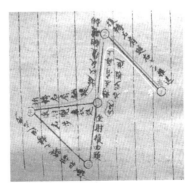

圖2-31

5. 左腳從3號點位進到4號點位，向右腳前扣步。左手「抹眉」。這是一個「三角步」的「扣」。（圖2-32）

隨即準備向右轉身。良輪注曰「折轉右肩蹁躚」。（圖2-33）

圖2-32

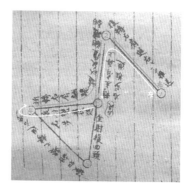
圖2-33

6. 右腳向後剪到5號位，這是一個倒行三角步的剪腿動作，注意前堅後箭形態，右腳尖基本朝前，左膝向前拱。良輪標注：變如蹁躚之勢退右步。非退也，乃剪腿轉身磨旋也。（圖2-34）

7. 向右磨旋，兩膝相磨，跪墜。這是一個「連環膝」動作。右手從右後方向左前方摟頭摔出。（圖2-35）

8. 左腳經右腳內側進到3號點位，（圖2-36）又是一個通懷步。（圖2-37）良輪

圖2-34

圖2-35

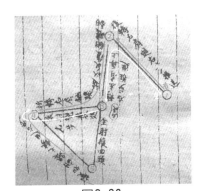

圖2-36　　　　　　　圖2-37

標注：坐肘復回頭。就是
磨旋後，坐右肘，復向中
心點回頭。（2-38）

9. 右腳擺步，進1號
位。（圖2-39）良輪在中
心點旁畫了一個右腳，表
示右腳要經過左腳內側向
1號點位走。（2-40）至

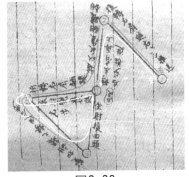

圖2-38

此走了一圈，接下來走第二圈。

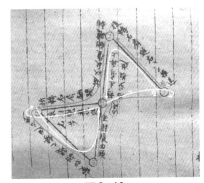

圖2-39　　　　　　　圖2-40

10.左腳向右腳前扣步。（圖2-41）

11.右腳後剪至2號位。（圖2-42）

12.向右磨旋。（圖2-43）

13.左腳進3號位。（圖2-44）

14.現在開始換位。右腳經左腳內側，走對角線，進至5號位，腳尖大幅度內扣（圖2-45）。

15.向左後方轉身，左腳附於右腳內側，右手托擊，成「玄步」。（圖2-46）

圖2-41　　　　圖2-42　　　　圖2-43

圖2-44　　　　圖2-45　　　　圖2-46

16.左腳扣步至4號位。（圖2-47）

17.右腳跟至左腳內側，成「之步」。（圖2-48）

18.右腳進3號位。（圖2-49）

19.左腳擺步，進2號位。（圖2-50）然後右腳向左腳前扣步，左腳後剪，不必再續，如此循環無窮。

圖2-47

如果從左右角開始進入，則成《拳經拳法備要》中所標梅花五步圖式（如圖2-3）。如果按此圖練，則一開始走三個通懷步，走到對面的角，然後擰身再按剛才講的練法走。

熟練後可以任意變化。要注意，腳下都是「前堅後箭」步，膝在腳前。身體各關節都要蠕動、磨旋。腳部要跟實指翹，前腳尖的扣擺，後腳跟要向外碾動；膝部要跪墜撇轉。實際上，梅花步包含了步、身、膝、腿、手、肩的全面鍛鍊。

圖2-48

圖2-49

圖2-50

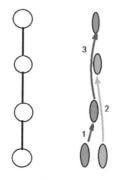

圖2-51

有必要指出，五點梅花步及其派生出來的各種步法，都是靈活多變的，不要站在像木樁上之類的死點上練習。

通懷步

通懷者，即蹲身躲影也，此則直步入懷以降力弱。乃徒然蹁躠之勢，即謂騰挪偏閃也，雖曰以降力弱，實為身步之旨，志於拳技，當體認為經緯，則百法已自無遺，學者宜深味之。

通懷步就是直步入懷。古書圖式都是用一連串的直線圈點來表示，現在，可以把左右腳分開表示。（圖2-51）

對手打我上盤，我可以稍蹲身躲過，同時走通懷步中門進擊，這叫「蹲身躲影」。中門進擊路線最短，速度最快，適合在我強敵弱的情況下使用，所以說「以降力弱」。射步入身首推通懷步，腳進到他腳前半腳的位置或踩敵腳，膝過尖就已接敵，再進入身，快捷無比，四門八角，任我馳騁。

通懷步也可以變化為「之玄步」，一般來說，中門有重兵把守，入身第一步落到他前腳附近，這就是通懷步，與敵一接觸，有機會就接著進通懷步，沒有機會就迅速偏閃，這就是「乃陡然蹁躠之勢，即謂騰挪偏閃也」。把通懷步與之玄步結合起來，就是縱向步與橫向步的結合，這就是步法的「經緯」。

古拳譜曰：「通懷步直封，側坐好開弓。力雄之字閃，敵弱對懷衝。蹁躚因此理，騰挪一總宗。蹉身猶躲影，百法盡流通。」

通懷步直封 就是直步通懷，封逼對方。手封手肘，腿封腳膝，欺身占位，使其無法變動。中門直進，力強欺力弱，取壓倒之勢。

側坐好開弓 側身坐在後腿上，後腳好蹬上勁。前手撐，後手牽，胸開背合，如拉弓之勢，前手觸敵一撐，後手就撒手放箭，填拳打出。

力雄之字閃 如果發現對手力氣大，立即將通懷步轉化為之玄步，偏閃，變換角度攻擊。

敵弱對懷衝 一接觸，發現敵人軟弱，就直接走中門衝擊。

蹁躚因此理，騰挪一總宗 蹁躚本來是一個形容詞，形容走路時重心不穩定。綿張拳則用來指躲避對手進攻時用的偏閃步法，步法的偏移必然伴有重心的偏移，四平八穩站在那裡，沒辦法偏閃。綿張拳特別強調步法的靈活多變，反對傻站在那裡「落地生根」。身體的穩定性是由步法的靈活性來實現的，綿張的「醉八仙」把「醉步蹁躚」發展到極致。「蹁躚因此理」，蹁躚步就是因循梅花步的「子午線」「十字線」，橫豎互變的道理。「騰挪一總宗」，偏閃騰挪也是一碼事。

蹉身猶躲影 蹉身就是向下坐閃，與「仙人躲影」同一個道理。

百法盡流通 各種拳理、技法都在這裡面包含著。

圖2-52

良輪附有圖示。（圖2-52）他繪畫技術不高，所以大家看不明白，我試解釋之。圖的下方畫了兩隻腳，左腳在前，右腳在後，表示站了一個「坐馬開弓勢」。接著他在上方又畫了兩隻腳，右腳在前，左腳在後，這表示左腳插進一步後，右腳跟進一步。這是對通懷步的表述。

左邊所注文字是：「速移左步，射撞入敵懷中，使其無可更變，敵即措手不及，我乘虛因勢，隨進右步，同撩搗空以攻之。即無，即不覺也（敵無法察覺）。」這段話中間雖然隔了一段距離，但實際上是連續的一段話。

圖右邊所注文字是：「若將左右步卸於左，即成卸步躲影也。」這是表述通懷步可以變成「卸步之玄」躲影。我通懷步第一步，左腳射進中門時，發現他力大，突然打來，我右腳向左腳的左後方卸步，向右斜轉身，就可以用左手打他，這就是「卸步躲影」，也是通懷步與之玄步的互變。

良輪還寫了一些詩訣，大致都是這些意思，列於下：

通懷直步起蹁蹮，開去翻來成躲影。通懷直步最難栽，身勢蹁蹮實妙哉（雖然是直步，但是身勢蠕動，腳跟外碾，腳尖微扣）。要知躲影神仙溜，蹁蹮開去又翻來。

　　躲影妙自蹁躚：通懷直步即蹁躚，會得蹁躚反覆旋。反覆旋身成躲影，大成躲影活神仙。一切拳技身法步，盡在蹁躚反覆栽。

　　「通懷直步即蹁躚」這句話裡的「即」字，並不是「即是」的意思，而是「即將轉化為」蹁躚的意思，由直步變為旋身偏閃的「躲影」，這個過程叫「蹁躚」。

之玄步

　　先說「之步」。古書上「之玄步」圖是這樣的。（圖2-53）用現在的畫法應該這樣。（圖2-54）左腳向左前方上步，身右磨旋約45度，右腳稍收，左腳為實，右腳為虛，名叫「雌雄腳」，又叫「之步」。（圖2-55）

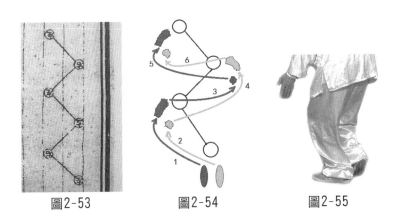

圖2-53　　　　圖2-54　　　　圖2-55

　　良輪寫道：「之步者，乃閃身躲影也，以左足平立，將右足跟提，則有虛實逢用之妙，名曰雌雄腳，因敵相勝之法無至如此矣。」

　　「之步」就是閃身躲影，走的是外門。設敵右手右步

圖2-56

打來，我右手向後帶他右手，左腳向他右側後上扣步，進入他的外門側後，這裡是他的死角，他連影子也摸不著，所以也叫「仙人躲影」。（圖2-56）

我身體緊貼他身，左腿左膝從側後管住他右腿，右腳跟虛懸，放在他右腳前內側，兩腿輕輕夾住他右腿，形成「捌法」，這叫「閃身背後前留腳」。（圖2-57）他如果想右轉身打我，我右腳復進中門，打他個正著，這叫作「外門裏入懷裡來」。（圖2-58）他如果向左轉身企圖逃跑，正好把後背給我，一扒就倒。（圖2-59）實在是左右逢源，「因敵相勝之法無至如此矣」。

圖2-57

圖2-58

圖2-59

再說「玄步」。右腳向右前方上步，身左轉45度，左腳附於右腳內側，也是雌雄腳，叫作「玄步」。（圖2-60）

良輪說：「玄步者，為橫步躲影也。此則以右足平

立，左足跟提。乃因敵人力大勢
雄，猛勇難擋，方以此法降之。」

「玄步」被稱作橫步躲影。但
不是平開的橫步，那樣雖能躲開對
手的衝擊，但不能同時入身擊打。
玄步是向右前方偏閃入身的斜進步
法，既是偏閃，又是角度刁鑽的進
擊，就像下棋斜跳的「臥槽馬」。

圖2-60

設敵右步右拳打來，我向右前方進步，左腳跟進，身
體向左磨旋，胸口還是正對著對方。到這裡不但避開了他
的攻擊，而且這個角度正是他防守的空檔，他還沒有反應
過來，我就一拳打在臉上。（圖2-61）

圖2-61

還可以使用「斜出正入」的打法。拳訣曰：「玄步妙
無窮，他急我從容。開去人難略，翻來臉上紅。橫步跟
身上，直步乘虛攻。黏進追逃遁，卸步避雄鋒。」設敵右
步右拳勇猛打來，也可以右步向右前方斜進，既可避開

圖2-62

拳鋒，又可斜進入身，同時右手封住他後手，左手遮住眼，使其失去防守能力，隨即向左擰身，左腳向左前方射進擊打。這就是「開去人難略，翻來臉上紅」。（圖2-62）拳訣還告訴我們，向右開的「橫步」是斜進，是「跟身上」。向左上的直步是「乘虛攻」，即攻擊敵人的防守死角。他要是逃跑我就進步黏住他，他要是力大難擋，我可以使用「卸步」，卸步的練法以後再講。

「之」「玄」二步可以互換互用，跪膝制腿，快捷如風。拳訣曰：「玄法有雌雄，專待敵人攻。騰挪偏閃應，躲影去無蹤。蹁躚身步入，反覆快如風。秘訣無多語，端的是真宗。」良輪有好多講「蹁躚」的詩訣，列於下：

蹁躚乃身步之密旨，可謂大法：先賢妙訣在蹁躚，多少惺惺（聰明人）解不穿。學人照會（理解）蹁躚意，鷥鷹側翅轉身旋（如鷹側翅盤旋）。

蹁躚身步訣：即跨馬開弓動變勢也。遇敵變應莫此為最，而拳技之學無出其右也（古人以右為上，「無出其右」就是沒有比這更好的）。

側身裡扭推向前，屈膝收回再外旋。胸開背夾腰身硬，好把臀兒打個圈。（這是講練之玄步，身向裡轉約45度）

射身須放肩前膝，步到還須膝過尖，此是蹁躚身步

法，更將躲閃一同觀。（之玄步旋身時，跪膝要超過腳尖）

之玄三角，左盤右旋，步法翩躚，必然伴隨重心的偏移，於是發展出來醉步。這裡有良輪的一首詩，他是講「醉步」的。

或曰：醉步如何身犯欺？（犯了重心偏斜的毛病）恐防撥糾（跌法）被人掩（掩殺）。縱然疾快能掙扎，終被他人占著先。答曰：乃反客為主之道，無中生有之法也。（變被動為主動）歌云：我從危險生活穩，他自生機返殺機。能知死地來生意，不在生機待死期。

這裡明確指出了三門步法的主動性，「不在生機待，死期」即不要等，等待會貽誤戰機，更不要從指導思想上就「落地生根」死站在那裡打「陣地戰」，那叫「活中等死」。

三角步

古圖示三角步如下。（圖2-63）這表達了扣步三角、擺步三角兩種練法。（圖2-64）

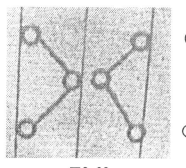

圖2-63

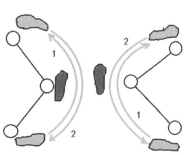

圖2-64

圖2-65　　　　圖2-66

圖2-67　　　　圖2-68

扣步三角步的練法：

1.立正（圖2-65）。

2.右腳向左前方大角度扣步，右膝向前跪壓，膝過腳尖。（圖2-66）

3.右腳向左後方大角度後剪。（圖2-67）左右輪換練習。

擺步三角步的練法：

1.立正（圖2-68）。

2.右腳向右前方大角度擺步，右膝向前跪壓，膝過腳尖。（圖2-69）

3.右腳向右後方大角度後剪。（圖2-70）左右輪換練習。

圖2-69　　　　圖2-70

裡外死手

裡外死手說

【原文】夫拳之為數，小數也，不專心致志，則不得也。蓋拳不一家，終有深意存焉。古拳名最多，形勢各異。節短勢多，曰長拳。攻打靡定，曰迷拳。飛騰便利，曰猴拳。步趨翩遷，曰醉八仙。以及掃殘、呂洪四門短打、閃翻、合鎖、行拳、金槍，種種不一。

如置公論，惟橫秋先生有心得，死手七十二節，又分為裡外兩盤。余竊疑之，人或知裡外死手之名，恐未識裡外死手之義，並昧乎裡外死手之用，試中為說。

大凡敵我相對，必有盤口，認得盤口，始有個乘隙搗虛之能，跌因相便之機。此裡外之所由名，死手之所由立。

死手者，何意也？惟其拳拳中竅，步步倒人，形若連環，勢如串珠，斷而復續，打中有跌，抓裡更拿，一舉手，一投足，敵人則不能逃遁而避其鋒。

雖然，手既雄矣，身既堅矣，非步法之精熟，安能避其銳，進其門，入其盤也？是故習拳必先練步，練步必先詳明盤口，然後身手腳一片溶成，無毫髮差遲，裡攻也可，外攻也便，豈不綽綽有餘裕哉。

余又慮夫後學，將專裡外盤口視為愧物，而無神化之用，又不得不為之贅解焉。一盤分而兩盤，兩盤化作三盤，三盤者，左右中也。以我左向而攻之謂之左，右向而

攻之謂之右，當面而直進謂之中，神而明之，觸類而通之，無往而非拳，無往而非盤口矣。噫嘻，一拳也而有三盤之分，技亦微矣，習之難也，殊不知無難也。

總言，梅玄五步法。分言，之玄通懷之步，（左之，右玄，通懷中）由是習之難手哉？時來而再分之，則如敵人右肩出勢，右手打來，右腳插進，我亦應之右腳進，右手抬，右肩靠，我得乘其虛。進，從外復以左手攻打，入其左盤也。倘敵人左肩向前立勢，左手披削，左腳勾管，我亦應之左腳，入左肩，掄左手架，我得因其空，自然以右手衝打破之右盤也。若敵人正面相持，我側身直搗而進，不勾左右手，發為中盤也。此裡外死手秘訣之妙用，請以質高明君子，然乎，否乎？

這不是張橫秋的原文，而是編書者加的序言，因沒有落款，不知是誰，但肯定是個行家。就其主要內容，概括如下：

一、什麼叫死手？

死手者，制敵於不能轉換之境也，乃久經考驗的幾套組合拳。「拳拳中竅，步步倒人。形若連環，勢如串珠，斷而復續。打中有跌，抓裡更拿。一舉手，一投足，敵人則不能逃遁而避其鋒。」

二、如何區分裡、外死手？

這就要懂得「盤口」。其實，張橫秋在「千金問答訣」裡已經回答了，即在圈裡圈外。起手在圈裡就是裡死手，起手在圈外就是外死手。或者說，一開始我從圈裡進手就是裡死手，從圈外進手就是外死手。但不知是否傳抄

的原因，個別裡外死手的位置有顛倒。

三、闡明「三盤」理論

在裡、外盤或曰左、右盤當中再加一個「中盤」，就成了三盤。與「三盤」相對應，有三種步法：走左盤叫「之步」，走右盤叫「玄步」，走中盤叫「通懷步」。

步法非常重要，不懂步法入不了盤，此裡外死手秘訣之妙用也。

武術的手法是歷代武術家對實戰經驗的總結，不是個人一時的創造。透過對武學古籍的研究，我們知道，許多巧妙的手法早在張橫秋之前就已經存在了，比如，明朝嘉靖年間唐順之寫的《武編》裡，就提到了「元光手」「沉墜手」等。但過去的手法散亂不全，名稱不一，或殘缺不全，是張橫秋由自己實踐，總結提高，把古代流傳的和自己新創的匯總起來，統一命名，並系統化，分為裡、外各三十六死手。張氏實乃一代集大成者，冠名「張橫秋心得」當之無愧。

或曰：「拳由心出，拳無定勢，豈可拘泥於手法！」但我以為此說對有造詣者或可，對水準低如我輩者則不可。學寫字當先學橫平豎直，逐步進到龍飛鳳舞，如果不知運筆之法，不懂字體結構，上來就龍飛鳳舞，可乎？終生塗鴉而已。「無手」乃「有手」之純熟者也。對古人手法一無所知而妄談「無手」，則為不妥。

七十二死手，手手珠璣，歷數寒暑，未必能解透練熟，對古書古法尚無甚解便奢談無招無式，可乎？真正練到身上，方可求變。果能得之於七十二手，高出於七十二

手，無招無勢，順手拈來，出神入化，吾輩之願也。

心嚮往之！然千里之行還需始於腳下。我何人哉？敢妄言解釋七十二死手，不過拋磚引玉而已，唯諸君心自領悟之。

裡死手三十六節

一、窩裡炮

右手雙掌推出，左手拜捺齊來。

欲將身步急閃開，哪曉填拳損壞。

祇道拳進甚速，誰知挪步跟來。

窩裡炮響實哀哉，縱是金剛難擺。

【**用法**】設敵左手打我頭部，我向右前方上右步，雙手抱拳如行跪拜之禮，向右前方推他左臂彎。（圖3-1）在接觸的一剎那，左腳向他中門插進，左手背向前「拜捺」，震打他的左臉和眼。（圖3-2）隨即向左前方上步，右拳打臉。（圖3-3）

我主動進攻也一樣使用此手法。以後各「死手」，都

圖3-1　　　　　　圖3-2　　　　　　圖3-3

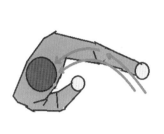 

圖3-3-1　　　　　　　　　圖3-4

可用於主動進攻，不再煩敘。

【要點】

1. 他出手的同時我就要迎拳而上，進步貼身，一猶豫就會失去戰機。

2.「拜進」時走的勁路是「弧形切線」。（圖3-3-1）這就是「裡門打開左右角」的「右角」切進勁路，以後類似打法不再煩敘。

3. 要連續進步，不能有絲毫停頓，他若後逃，就跟進擊打。

【變化打法】設敵右手在前抱架，我主動進攻，突然向右前方上右步，同時用右手封按住他的左手，用左手背遮住他的眼，左臂攔住他的右臂，則他兩手都廢，隨即右拳打臉，我很安全。（圖3-4）

二、還勾手

左手披開右手，右手擁護香腮。

還將右手就勾來，他手縱起何在？

劈頭一拳砍去，頂上疼痛難挨。

拜掌填拳奔胸懷，方知還勾厲害。

【**用法**】設敵右手打來，我左手向右下方按他小臂，同時右手撲擊他臉。（圖3-5）他一定會用左手格擋我右手，我右手回勾，他的左手跑到我的手後邊成了廢手，因此說「他手縱起何在？」（圖3-6）同時，上步用左肘向前擠壓他左臂，隨即右手掄起來拍砸他頭頂百會穴。（圖3-7）然後，右手向下鉤他腦袋，左手拜掌（用手背）打胸、臉或喉。（圖3-8）右手填拳，打心口。（圖3-9）

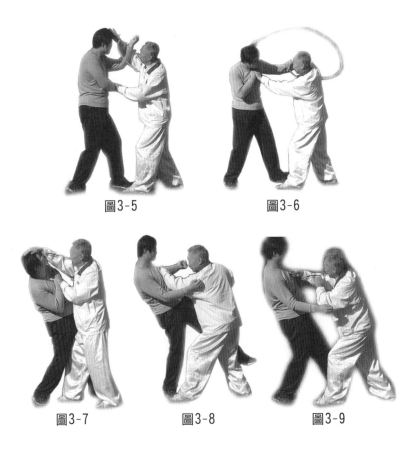

圖3-5　　　　　　　　　　圖3-6

圖3-7　　　　圖3-8　　　　圖3-9

【注意】凡綿張各手，都不是站在那裡「定步擊打」，而是腳下一直在動步，步步緊逼，叫作「上不停手，下不停步」。以後各「死手」，莫不如此，不再煩敘。

三、滿堂紅

> 右手還推右手，左手即奔香腮。
>
> 右手轉拳出胸懷，反掌拖面急拜。
>
> 可憐腳肩未定，填拳挪步相催，
>
> 兩手無措實哀哉，方知堂紅可愛。

【用法】設敵右手打我中盤，我走中門，墊右步上左步入身，右手向左下方推按他右臂，同時左手撲擊他臉（圖3-10）。他一定會用左手格擋我左手，我左手向左下方撥開他左手，隨即進右玄步，右拳從左胸前向上翻甩，用拳背撇打他的右臉（圖3-11）。

接著，進左步，左手拜掌打臉或封喉（圖3-12）。右手填拳打臉，或拍擊，打得他滿臉通紅（圖3-13）。

【注意】步步緊逼。

圖3-10　　　　　　圖3-11

圖3-12　　　　　　圖3-13

四、五橫手

左手拿他右手，右拳望左斜衝。

起處便是面顏紅，著懷一肘直進。

豎起貼面金拳，拜掌填拳急跟。

驚去五魄與三魂，才是神拳五橫。

【用法】設敵右手打我中盤，我左手向右下方扣拿
他右腕，或裹截他右臂皆可，同時掄起右手栽擊他左太陽
穴。（圖3-14）隨即向左前方進步，右肘橫擊他臉。即使

3-14

他企圖用左手格架我右臂，我
右肘向前斜擊時，他的左臂被
夾在我右臂彎裡，毫無作用。
（圖3-15）接著右小臂豎起，
用拳背撇擊他臉。（圖3-16）左
手拜掌。（圖3-17）右手填拳將
其打倒。（圖3-18）

【注意】身法擰動，步步
緊逼。

圖3-15　　　　圖3-16　　　　圖3-17

圖3-18　　　　圖3-19

五、纏趕手

右手拿他右手，旋轉左手代他。

對胸一拳好難捱，復進一肘怎擺。

豎起貼面金拳，拜掌填拳奔懷。

纏趕神手好奇哉，血滿心窩受害。

【**用法**】設敵右手打我中盤，我右手向右後方刁拿
他右腕（圖3-19），隨即稍向左前方上步，左手向右後方

扣拿他右腕。（圖3-20）右拳打他胸。（圖3-21）他一定
會彎腰低頭，用左手推我右拳，我右肘上翻，橫擊他胸或
喉。（圖3-22）

　　接著右小臂豎起，用拳背撇擊他臉。（圖3-23）左手
拜掌。（圖3-24）右手填拳將其打倒。（圖3-25）

　　【注意】身法擰動，步步緊逼。

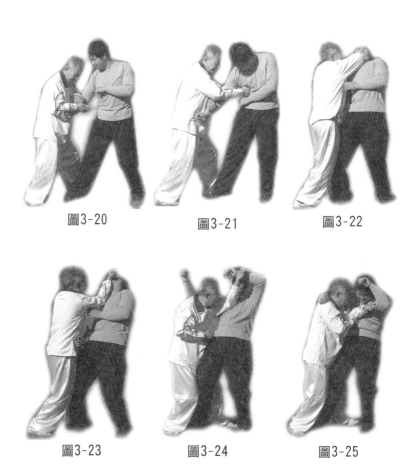

圖3-20　　　　圖3-21　　　　圖3-22

圖3-23　　　　圖3-24　　　　圖3-25

六、六平手

手上加手推右，飛起掌奔耳腮。

右邊打過左邊來，左掌依然不怠。

右手一肘打進，豎起金拳面栽。

拜掌填拳入胸懷，方顯六平古怪。

【**用法**】設敵右手打我中上盤，我上右步，像行抱拳禮一樣，向左前方弧線切他右臂入身。（圖3-26）他必用左手推我右小臂，我向左前方上左步改變角度，即可用右手背打他右耳，（圖3-27）並用右手四指向右撣他雙眼，（圖3-28）隨即右手回手打他左耳，（圖3-29）左手打他右耳，這就是「左掌依然不怠」。（圖3-30）

接著，用右肘橫擊他臉或喉。（圖3-31）豎起右小臂，用拳背撇擊他臉。（圖3-32）左手拜掌。（圖3-33）右手填拳將他打倒。（圖3-34）

【**注意**】步步緊逼。

圖3-26　　　　　圖3-27　　　　　圖3-28

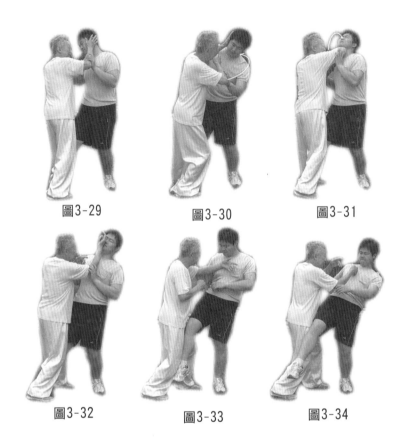

圖3-29　　圖3-30　　圖3-31

圖3-32　　圖3-33　　圖3-34

七、硬崩手

右手砍他右手，左手急護香腮。

右手撩海一拳來，須防左邊手害。

左手腮邊盪進，右拳耳上直摧。

硬崩手起好難捱，縱是銅人打壞。

【用法】設敵右手打我中盤，我右手向左下方披擊他右臂的同時，就用左手撲擊他右腮。（圖3-35）隨即上右步，用右手背撩擊他小腹。這時我正彎腰撩襠，要防止左

圖3-35

圖3-36

圖3-37

上方來手打我，所以左手要從裡側黏住他的右手，這就是「須防左邊手害」。（圖3-36）隨即左手從他右腮盪進，轉摸到他左臉，揾住眼，向左扳。（圖3-37）然後，用右拳勾擊他的左耳。（圖3-38）

【注意】步步緊逼。

3-38

八、二便手

手起加手推出，眉心胸穴掌來。

左上右下好安排，勢中貴靠為佳。

右掌傍身上臉，填拳隨即奔懷。

二便手起好雄哉，縱敵千刡無礙。

【用法】設敵右手打來，我上右步進中門，兩手左上右下，從他右臂上方推進。（圖3-39）左手陽掌伸向眉心，右手陰掌伸向胸口。身體向前擠靠，把他的右臂擠

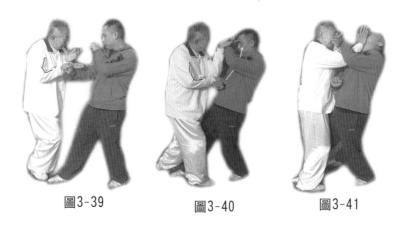

圖3-39　　　　　圖3-40　　　　　圖3-41

住，這就是「貴靠為佳」。（圖3-40）這時他會先解「燃眉之急」，用左手擋我的左手，胸前必然有空。我向左前方上左步，左手向後引領他的左手，右手就可以貼著他的身子向上托擊他下巴。（圖3-41）他向後仰身欲倒，隨即左手拜掌。（圖3-42）右手填拳。（圖3-43）

　　或者，在我掌伸向眉心，右手伸向胸口時，他不顧上而顧下，用左手向下擋我的右手，臉部空虛，我就左手插眼。由於打上打下都方便，故曰「二便手」。

圖3-42　　　　　　　　圖3-43

九、挽拜手

他人伸起右手，右手披出如雷。

筋骨如割實難捱，早被胸前肘害。

翻身欲倒在地，填拳挪步跟來。

場中君子休忽他，千金難買挽拜。

【**用法**】設敵右手打我中盤，我左手向後挽帶他右腕。同時，右手向左下方披擊他右臂。（圖3-44）同時上右通懷步，右肘打胸或喉，此為「拜肘」。一挽一拜，謂之挽拜。（圖3-45）隨即右拳撇臉。（圖3-46）左手拜掌（圖3-47）。這時他已經要跌倒了，挪步跟進，右手填拳，這就是「倒地跟拳」。（圖3-48）

【**注意**】在向後挽時要身向前進。不要手、身、步都向後，否則無法入身用拜肘。

圖3-44

圖3-45

圖3-46

圖3-47　　　　　　　　圖3-48

十、雙纏手

　　　　他手發出甚好，早被右手纏繞。

　　　　左手急跟扳開了，一肘填胸不少。

　　　　面拳山根打早，拜掌填拳分曉。

　　　　雙纏手兒真個巧，縱是石人也倒。

【用法】設敵右手打我上盤，我右手從他右腕外側纏帶他腕，左手從右手下十字前伸，從他右腕內側纏帶他腕，向外扳開他右臂。（圖3-49）

　　　　隨向裡門進身，右肘橫擊胸或腮。（圖3-50）接著豎起右小臂，用拳背撇擊他臉。（圖3-51）左手拜掌。（圖3-52）右手填拳打胸。（圖3-53）

圖3-49

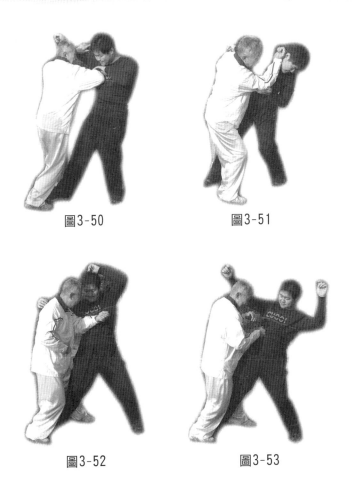

圖3-50　　　　　　　　圖3-51

圖3-52　　　　　　　　圖3-53

十一、刀對鞘

右拳方才發出，右拳直撞肩窩。

反掌須向左邊拖，連進牽拳怎躲？

若論右手來狠，右邊三發最多。

對鞘打來莫內何，任是英雄怕我。

【用法】設敵右手打我中上盤，我向右偏閃進右步入

身，右拳打他右肩窩。（圖3-54）

隨即右手向左後方扣帶他右臂，左步跟進，左手打他右腋窩（圖3-55）。再進右步，用右拳背打他右腮。（圖3-56）這就是「右邊三發」，他右手來得狠，但中我「右邊三發最多」。隨即上步，拜掌（圖3-56-1）、填拳（圖3-56-2）、打倒。

【注意】用右拳打他右肩窩時不要把臂打直，把他打走了，下面招法無法進行。

圖3-54　　　　圖3-55　　　　圖3-56

圖3-56-1　　　　圖3-56-2

十二、勾扳手

> 右手直來砍我，將身偏閃入懷。
>
> 兩手齊起緊逼他，須教筋節難擺。
>
> 方才進個肘子，貼面金拳好打。
>
> 拜掌填拳奔入懷，始信勾扳利害。

【**用法**】他右手劈砍過來，我向右偏閃，進右步入懷，兩手抱拳向他右肩拜進，弧形切入。（圖3-57）右手勾住他脖子，左手撐住他右大臂，用左小臂和左肘控制住他右肘，使他「筋節難擺」。這時，他必用左手推我右臂，我順勢向左前方進步，右手向右下方勾他脖子，左手向左上方撐他右臂，就可以將其摔倒。（圖3-58）如果他拼命掙扎，我趁他向後的掙勁，向左擰身，用右肘橫擊他喉，他便向後倒去。（圖3-59）隨即右拳撇擊他臉。（圖3-60）左手拜掌。（圖3-61）右手填拳打倒。（圖3-62）

【**注意**】這個入身法是向「左前角」的弧形切入勁路。（圖3-62-1）以後此種入身勁路不再煩敘。

圖3-57　　　　圖3-58　　　　圖3-59

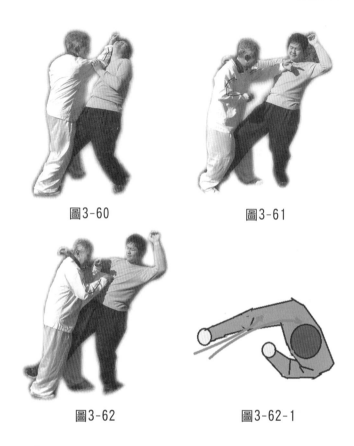

圖3-60　　　　　　　　圖3-61

圖3-62　　　　　　　　圖3-62-1

十三、元光手

　　手上加手推出，轉起掌來如風。

　　左耳元至右耳根，胸前一肘可恨。

　　舉起貼面金拳，拜掌填拳緊跟。

　　若問元光手雄哉？常把人來輕弄。

　　【用法】元光手就是打耳光。設敵左手打我中上盤，我雙手抱拳拜進，向右推他左臂根。（圖3-63）在接觸的一剎那，向左擰身，左手背向前打他左耳。（圖3-64）左

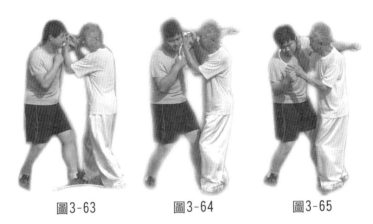

圖3-63　　　　　圖3-64　　　　　圖3-65

手繼續向左，如果他右手阻擋我左手，我左手就把他右手
帶開，同時，右手打他左耳。（圖3-65）然後向右擰身，
左手回打他右耳。（圖3-66）接著，用右肘橫擊他胸或
喉。（圖3-67）隨即豎起右小臂，用拳背撇擊他臉。（圖
3-68）左手拜掌。（圖3-69）右手填拳打胸或臉。（圖
3-70）

【注意】步步緊逼。

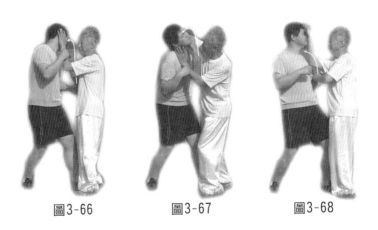

圖3-66　　　　　圖3-67　　　　　圖3-68

圖3-69　　　　　　　　　圖3-70

十四、披擅手

右手披開右手，左手急護香腮。

須知右腳踹將來，右手出懷莫怠。

反掌拓他臉上，拜掌填拳相摧。

披擅神手實奇哉，場上君子莫怪。

【用法】設敵右手打我中盤，我右手向左下方披擊他右臂，同時左手撲擊他右腮，右腳截踢他前腿。（圖3-71）他可能左手來救，我左手向左下方披帶他左手，向右擰身，右腳向前落步的同時，右手從胸前甩上去，用手背拓打他臉。這就是「出懷莫怠」。（圖3-72）然後上左步，左手拜掌。（圖3-73）右手填拳將他打倒。（圖3-74）披臂、踹腿、拓臉、這些動作，都是在一步之內完成

圖3-71

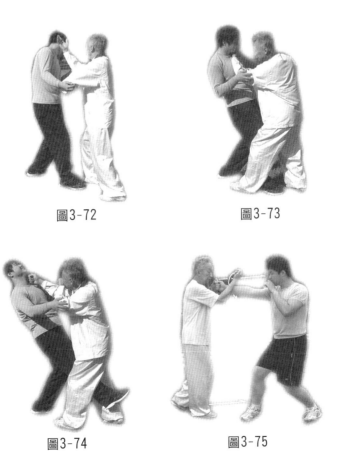

圖3-72　　　　　　　　　圖3-73

圖3-74　　　　　　　　　圖3-75

的，用抖顫勁，所以叫披擅手。

十五、拳勾手

敵人拳來甚急，右拳望右勾來。

左拳直挺撞香腮，右手隨奔右肋。

肋下方才叫疼，哪知胯跌又來。

拳勾手捆好奇哉，將人掀跌無礙。

【用法】設敵右手打我中盤。（圖3-75）我右手向右

後方勾他右臂，同時上左步，左拳打他右腮。（圖3-76）
接著向他右腿外側上右步，實行外門管腿，同時右拳打他
右肋。（圖3-77）隨即右腳稍向右靠步，用右胯靠碰他右
胯。（圖3-78）右手扳住他左側脖子，用胯向右頂他的右
胯，向左擰身，把他掀倒，此為「胯跌」。（圖3-79）

【變化】我右手擊出，他用右手裹截。（圖3-80）
向後回勾的同時走外門進左步。（3-81）就可以用右肘打
臉。（圖3-82）

圖3-76

圖3-77

圖3-78

圖3-79

圖3-80　　　　　　　　圖3-81

圖3-82　　　　　　　　圖3-83

十六、辟手打

左手勾他右拳，右拳直插喉嚨。

還拳反打右邊胸，左右牽拳便進。

人知亂拳滾打，哪曉腳步緊跟。

縱有敵人鐵渾身，難逃辟手雙弄。

【用法】設敵右手打我中盤，我左手向左後方辟勾
他右手。（圖3-83）上右步，右拳打他咽喉。（圖3-84）
他用左手格架，我右手向回勾牽他左手，左拳擊打他右邊

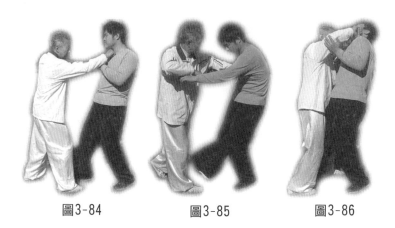

圖3-84　　　　圖3-85　　　　圖3-86

胸。（圖3-85）隨即右拳擊打。連續勾牽擊打，稱為「牽拳」，打喉打臉，直、勾皆可。（圖3-86）好像是亂拳滾打，但下邊腳步緊跟。

【注意】手與步並非一比一的配合，手打手的，步走步的。靈活快捷，無可逃脫。

十七、提肘打

雙手抓肩左進，右手下打陰囊。

提肘順便把喉傷，撐肘拜掌齊闖。

左手填拳急進，右手筋骨有傷。

兩手千筋也難擋，怎挨身兒應當。

【用法】他雙手抓我肩。（圖3-87）我向左前方上左步，左手封他右肘，右手從他左臂上方猛力下插，緊貼他身體，探打陰囊。（圖3-88）趁他彎腰低頭，右肘上提打喉。注意，必須向左下方彎腰，才能把右肘提上去。（圖3-89）然後向左擰身上步，右肘前撐打他咽喉。（圖3-90）左手拜掌。（圖3-91）右手填拳。（圖3-92）

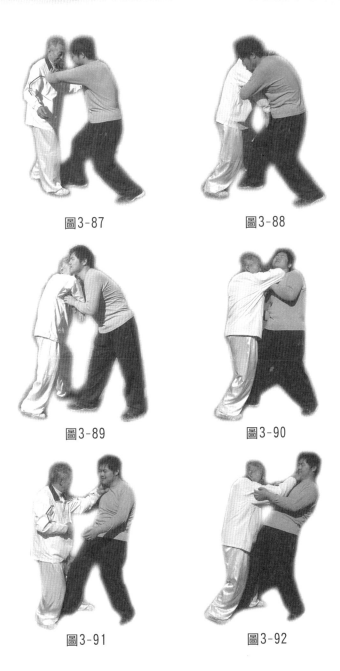

圖3-87

圖3-88

圖3-89

圖3-90

圖3-91

圖3-92

【注意】提肘的關鍵是貼身，步步進逼，所以強調「怎挨身兒應當」。

十八、雙元光

　　他手雖然甚狠，哪擋兩拳打來。

　　雙雙元過左右腮，受擊毒魔之害。

　　努力一肘奔胸，貼面金拳更快。

　　拜掌填拳緊挨，元光雙雙堪愛。

【用法】設敵右手打我中上盤，我上左步，抱拳沿他右臂向左前角弧線切進。（圖3-93）上右步，雙拳打他右臉耳根，（圖3-94）回手再打他左臉耳根。（圖3-95）接著，用右肘橫擊他胸或喉，（圖3-96）隨即豎起右小臂，用拳背撇擊他臉。（圖3-97）左手拜掌。（3-98）右手填拳。（3-99）

圖3-93

圖3-94

圖3-95

圖3-96

圖3-97　　　　　圖3-98　　　　　圖3-99

【注意】步步緊逼。

十九、陰進陽出

右手方才擲下，左拳急急劈來。

須知左手一撩開，右拳直進攻肋。

一肘胸前難忍，誰想拳又衝腮。

左邊打出血必來，陰進陽出受害。

【用法】他右手打來，我用手一截。他右手收回，隨即左拳打我上盤，我左手向右後方拍帶他左手，進右通懷步，右拳打他肋，此為「陰進」。（圖3-100）隨即上左步，左橫肘打胸，或用左小臂向上攔打他下巴。（圖3-101）進右步，蹲身，右拳從左小臂下面，向上鑽擊他下巴，或打腮，此為

圖3-100

圖3-101　　　　　圖3-102　　　　　圖3-103

「陽出」。（圖3-102）接著，向左前方進左步，左手向右
前方打鼻子，這就是左邊打出血必來。（圖3-103）

二十、捺眉搗顙

右手切開右手，左掌眉上捺顧。

須左上右下呵，轉下右手無訛。

當喉頂力一插，嗓門氣閉難過。

天庭地角兩邊磨，捺眉搗顙害我。

圖3-104

【用法】設敵右手打
我中上盤，我上右步，右
手向左前方切他右臂。（圖
3-104）同時，左手向右前
方捺眉。（「捺」，筆在
硯上調墨曰「捺」）（圖
3-105）他左手必解「燃眉
之急」，來格架我左手，
喉下有空，我上左步，向

圖3-105　　　　　　　　圖3-106

左閃身，右掌卻向右轉，用手指直插咽喉天突穴，使他閉氣暈厥。（圖3-106）此手攻擊眉喉兩處，故曰「天庭地角兩邊磨」。

二十一、辟手打嗓

> 左拳勾他右手，右拳急進撩陰。
>
> 左拳起處望喉衝，左肩反拳著重。
>
> 左右牽拳攻打，原來不離舊痕。
>
> 辟手打嗓有名聲，教人無處逃行。

【釋名】辟，除掉之意，辟除他的來手。

【用法】設敵右手打我中下盤，我左手向左後方辟開他右手。（圖3-107）上右步，右手撩陰。（圖3-108）接著，上左步管腿，進左肩靠進，左拳鑽打喉，因為左肩靠進，手背朝前，所以叫作「左肩反拳著重」。（圖3-109）隨即用左手牽開他來救之手，右手打喉，（圖3-110）左手再打喉，這就是「原來不離舊痕」。（圖3-111）

【注意】步步緊逼。

圖3-107　　　　　　　　圖3-108

圖3-109　　　　圖3-110　　　　圖3-111

二十二、撩陰搗海

右手方才出勢，手上加手推他。

左拳急急面上來，右掌撩陰疾快。

右手依然起去，反掌面上拓回。

拜掌填拳更相摧，撩陰搗海可愛。

【**用法**】設敵右手打我中上盤，我抱拳沿他右臂入身，右手向左後方辟切他右臂的同時，左掌撲擊他臉。

圖3-112

圖3-113

圖3-114

圖3-115

（圖3-112）接著，進步右
掌背撩襠。（圖3-113）隨
即，右手反掌用手背拓面。
（圖3-114）然後，左手拜
掌，（圖3-115）右手填拳打
氣海。（圖3-116）

【注意】步步緊逼。

圖3-116

二十三、龜兒不出

莫道龜兒不出，發時實是難當。

人將右手打來忙，左手按捺不放。

右手打折手指，轉拿前拖有方。

半顛半跌步難降，衝拳望面直撞。

【釋名】此路手向後縮，故以龜喻之。

【用法】設敵右手抓我右腕。（圖 3-117）我含胸吸進，左手按住他手，固定在我的右腕上，含胸擰身，右腕向上、向前、向下滾壓，折斷他指。（圖 3-118）同時提起右腳蹬膝。蹬膝時左腳單腿跳一下，以增加蹬膝力度，這叫「顛法」。（圖 3-119）隨即右腳向右後方跌一小步落地，就是「半顛半跌」，同時，右手刁拿他

圖3-117

圖3-118

圖3-119

圖3-120　　　　　　　圖3-121

右腕。（圖 3-120）趁他向前低頭彎腰，速右拳打臉。可以用左手摟住脖子，右拳打臉，更重。（圖 3-121）

二十四、胡蜂鎖手

　　　　雙手分開雙手，左腳管腿勾來。

　　　　反掌倒上左邊腮，莫道額上順揣。

　　　　拜掌填拳奔胸，心前肚上打壞。

　　　　胡蜂鎖兒真個乖，將人跌作一塊。

　　【**釋名**】胡蜂即馬蜂，潛入窩裡吃蜜蜂，將蜜蜂的腿鎖住咬死。

　　【**用法**】設我十字出手，用右手刁他右腕的同時，左手撲擊他臉。（圖3-122）

　　他會用左手格架我左手。（圖 3-123）我左手翻手刁他左腕，上左步管住他右腿，我左

圖3-122

手向左下方拉他左手，右手向右上方推他右手，使他兩臂
十字相絞，這就是「十字鎖手」。隨即向左擰身，右手虎
口朝下，小指側朝上擰著他的右腕向他左邊腮方向絞壓，
這就是「反掌倒上左邊腮」。（圖3-124）

　　不必真的絞到他腮上去，絞得太死就打擊無力。向上
一絞，就鬆開右手，用右拳打他左太陽穴，（圖3-125）
接著再加上一肘。這就是「莫道額上順揣」。（圖3-126）
隨即右拳翻上去撇擊他臉。（圖3-127）左手拜掌。（圖
3-128）右手填拳打倒。（圖3-129）

圖3-123

圖3-124

圖3-125

圖3-126

圖3-127　　　　　　圖3-128　　　　　　圖3-129

二十五、蹤縫還拳

　　　　拳來右肘橫架，左手來時撐開。

　　　　左手一拳望喉推，急承他手莫怠。

　　　　右肘向心又進，金槍飛打鼻歪。

　　　　拜掌填拳闖入懷，綜縫還拳可愛。

　　【釋名】他兩手亂打，密集出拳，我追蹤他兩手之間的縫隙還擊。

　　【用法】設敵右手打我中上盤，我右小臂上豎，向左橫裹，左拳藏在右肘下。（圖3-130）他左手又打來，我右小臂上豎，向右晃肘撐開，同時左拳插喉。（圖3-131）他右手來救，我左手承接牽開，同時進左步，用右肘橫擊他胸或喉。（圖3-132）隨即豎起右小臂，用拳背撇擊他鼻。（圖3-133）左手拜掌，（圖3-134）右手填拳打胸或打臉。（圖3-135）

　　【注意】切莫後退，要步步近身緊逼。

圖3-130

圖3-131

圖3-132

圖3-133

圖3-134

圖3-135

二十六、八門正行

他人正要攻打，左拳望左勾開。

右手一拳對心摧，左拳耳上打壞。

漫道右耳吃苦，左耳一撞難擺。

兩耳一齊血湧來，八門正行受害。

【**釋名**】「八門正行」，八門之說出於奇門遁甲，乃「休、生、傷、杜、景、死、驚、開」八門。「正行」者，走通懷步也。

【**用法**】設敵右手打我中下盤，我左手向左後方勾開他右手。（圖3-136）同時右拳打心口。（圖3-137）隨即右拳回勾，左拳勾打他右耳。（圖3-138）接著，左拳回勾，右拳勾擊他左耳。（圖3-139）注意手腳不必同步，步步緊逼，貼身牽打。

圖3-136

圖3-137

圖3-138

圖3-139

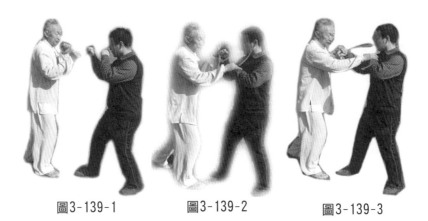

圖3-139-1　　　　圖3-139-2　　　　圖3-139-3

　　此手法特別適用於中門入身。其一，我先出手：兩人抱拳對峙。（圖3-139-1）我突然出左手搭他右拳，出右手搭他左拳。（圖3-139-2）他倆手都沒了，再出手就連續打他。其二，他先出手：他右拳打來，我用左手一搭，隨即出右手搭他左手。（圖3-139-3）他又倆手都沒了，打他是必然的。

　　【注意】交手要特別注意控制住他後手。

二十七、雙手引蝴蝶

　　　　右手方才伸出，手上加手奔開。

　　　　右掌臉上摸下來，右掌沖天無礙。

　　　　兩掌上下推閃，早又填拳胸拜。

　　　　莊周夢裡是蝴蝶，雙雙引來堪愛。

　　【用法】設敵右手打我中上盤，我上步進懷，兩手抱拳向左推他右臂。（圖3-140）他必用左手阻擋我右手，我向左前方稍移步，右手就可抓摸他臉。（圖3-141）右手從上往下摸，接著向上托他下巴。（圖3-142）隨即左

圖3-140　　　　　　　　圖3-141

圖3-142　　　　圖3-143　　　　圖3-144

手從下向上搓他下巴右側。（圖3-143）兩手掌根相接，兩手張開，像蝴蝶扇動翅膀一樣反覆輪流捧臉上托並進步緊跟。他已迷糊，隨即拜掌填拳。（圖3-144、圖3-145）

圖3-145

二十八、頂胸肘

> 劈腰拳來甚急，左手用力奔開。
>
> 右肘藏肋入胸懷，一頂沖天疾快。
>
> 他若左手右托，掀開撐肘心來。
>
> 拜掌填拳一齊栽，饒是銅人打壞。

【用法】設敵右拳勾打我腰肋，我用左手辟開，（圖 3-146）進步入懷，用右肘挑打他下巴。（圖3-147）如果他用左手托我右肘，我左手從右肘下抓他右腕向左掀開，（圖3-148）右撐肘頂砸胸。（圖3-149）隨即雙手劈下，斬其頭頸，（圖3-150）隨即左手拜掌，（圖3-151）右手填拳打胸。（圖3-152）

圖3-146

【注意】步步近身緊逼。

圖3-147

圖3-148

圖3-149

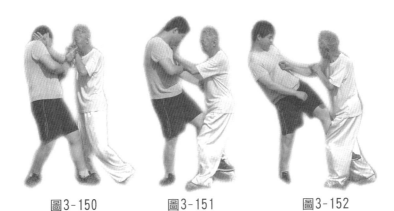

圖3-150　　　　圖3-151　　　　圖3-152

二十九、黃鶯雙磕耳

雙手捺開雙手，即時齊奔耳門。

方才打得耳聲鐘，旗鼓胸次早進。

仰身欲倒在地，誰知胸腹填飛。

勸君莫惹黃鶯，雙雙磕耳難聽。

【用法】設敵雙手撲推我胸。我吸腰，雙手下按雙分。（圖3-153）進步入懷，用雙掌拍擊左右耳門，好像黃鶯拍翅，故曰「黃鶯雙磕耳」。用雙拳亦可。（圖3-154）接著，進步蹲身，左肩靠進，左手在上，右手在下，像舉旗一樣，使他仰身欲倒，這叫「旗鼓勢」。（圖3-155）隨即起身，左手胸，右手腹，把他打飛，就是「誰知胸腹

圖3-153

圖3-154　　　　　　圖3-155

圖3-156　　　　　　圖3-157

填飛」。（圖3-156）

三十、隔肚穿線

　　　　敵人伸出右手，望我臉上奔來。

　　　　好將右手一推開，千觔臂膊難擺。

　　　　左手一拳逞進，右邊打過左來。

　　　　隔肚穿線實畏哉，血帶胸膛脹壞。

　　【用法】設敵右手打我上盤，我右手向右推他右臂，使他轉動不靈。（圖3-157）隨即上左之步，走外門，左

圖3-158

圖3-159

擺拳勾打他背後腎俞穴。（圖3-158）他向右轉身防守，我上右玄步，右拳勾打他前腎，造成內傷。（圖3-159）

三十一、小兒拼命

雙手捺開雙手，兩拳急進撩陰。

復起掌來望腰衝，挪步靠山直送。

左掌方才一拜，右拳一緊填胸。

渾身筋節練得精，便是小兒拼命。

【釋名】此手是硬撞進打法，故曰「拼命」。其實，硬中有化，化中有變。

【用法】設敵雙手撲來。（圖3-160）我吸腰，右步進中門，雙手猛地從他雙臂中間砸插下去，震得他兩膀欲散，連肩帶肘向他胸腹撞過去，手向下

圖3-160

插的同時，用頭碰鼻子。（圖3-161）趁他立足未穩，進左步，提雙肘撞擊他胸腹。（圖3-162）左腳尚未落地，就用雙掌推擊他腹胯，把他撞飛。（圖3-163）左腳落地時，左手拜掌，（圖3-164）右手填拳，將他打出丈外。（圖3-165）

【注意】這一系列的動作僅在一步之內完成，他無暇應接。這個打法的基礎訓練是「撞肩」，要刻苦訓練，才能「渾身筋節練得精」。

圖3-161　　　　　　　　圖3-162

圖3-163　　　　圖3-164　　　　圖3-165

三十二、插肋封喉

　　　　右拳打來左拿，進身肋下橫拳。

　　　　他若左手來破，右拳還胸砍聯。

　　　　左拿左手左腳管，右拳直插喉邊。

　　　　右接右手右腳進，左拳肋下可穿。

　　　　插肋封喉披兩邊，賽過躲影神仙。

　　【用法】設敵右手打來，我用左手拿住他右臂。（圖3-166）進右步，右橫拳打他右肋。（圖3-167）他用左手來救，推我右肘。我右肘向胸前回轉，稍向左前方上步走化，隨即左手從右臂前邊向下砍他左腕或向右後方扣拿，右手向他臉部抓摸，這就是「砍聯」。（圖3-168）接著向右前方上右

圖3-166

圖3-167

圖3-168

步，右手插喉。（圖 3-169）

　　凡是敵右手打來，我都可用右手拿住他右臂，同時進步入懷，左手插他右肋。（圖 3-170）他肯定用左手來救，推我右肘。我又可以像上面那樣砍腕插喉。（圖 3-171、圖 3-172）

　　凡是左手打來，我都可以直接用左手扣拿，用右手封喉。就是說，右手扣住他右手就插肋，左手扣住左手就封喉。所以說「插肋封喉披兩邊，賽過躲影神仙」。

圖3-169

圖3-170

圖3-171

圖3-172

三十三、撩陰封臍

左手拿他右手，右手勾他肘邊。

左拳直插耳向前，右手撩陰似箭。

轉身好用靠山顛，還有胸拴順便。

左手垂下撩陰先，右手照臍一拳。

撩陰封臍切莫纏，擋著一下撞一遍。

【用法】設敵右手打我上盤，我左手拿他右腕，向左上方牽拿，（圖3-173）右手從上邊勾住他右肘，向右下方勾扳，這是「上纏臂」拿法。（圖3-174）

他如果是個高手，不向後躲，反而向他右前方上左步，企圖用左手抱我右腿摔我。我隨即左拳打他右耳，（圖3-175）右手撩打他襠。（圖3-176）

他縮腰低頭，我右手順勢上撩。（圖3-177）上左步靠進，左臂胸栓。（圖3-178）左手向下撩陰。（圖3-179）右手打氣海穴，這便是「右手照臍一拳」（圖3-180）。

圖3-173

圖3-174

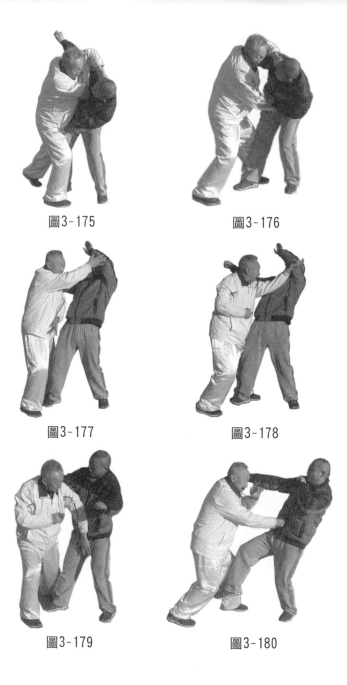

圖3-175

圖3-176

圖3-177

圖3-178

圖3-179

圖3-180

三十四、滾肘邊心肘

敵人右打來，我用右手拿。

閃身敵背後，留腳勾管他。

右拳肚上著，左掌眉上埋。

滾肘填胸進，復手插下骸。

敵若抽手托，翻身撐肘該。

胸前折一掌，腳下好勾回。

【用法】設敵右手打來，我右手拿他右腕，向右後方捋帶。上左之步到他背後，左手推他後背，右腳留在前面，勾管他右腳（圖3-181）他必然向右轉身掙扎，我右腳上「玄步」，右拳打他心口。（圖3-182）趁他低頭，左手抹眉向後一扳。（圖3-183）他仰臉，右肘趁機滾進。具體動作是：右肘向上、向前滾壓他胸部，（圖3-184）右肘向下轉動時，右拳向前撇壓。（圖3-185）接著左肘向前滾壓，左小臂橫在他胸前，成為「胸拴」，並用左手向上插打下骸，同時進左腳管他右腿。（圖3-186）他

圖3-181　　　圖3-182　　　圖3-183

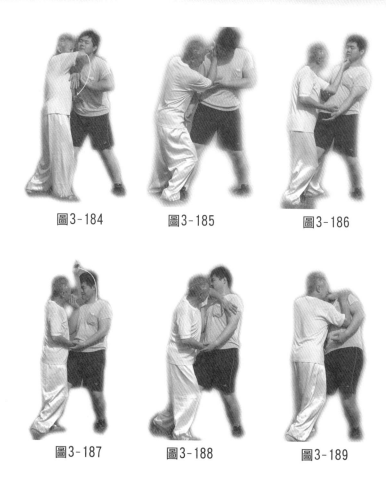

圖3-184　　　　圖3-185　　　　圖3-186

圖3-187　　　　圖3-188　　　　圖3-189

右手推我左肘，我左肘順勢上提，向左撐肘擊打。（圖
3-187）隨即向右前方進玄步，左小臂折下來打胸。（圖
3-188）他一仰身，我即向左下方拍按他胸頸，左腳勾他
右腳使其跌之。（圖3-189）

【注意】凡遇向上托肘，都可以運用三節變化，向斜
前方上步，折掌打擊。（圖3-190、圖3-191）

圖3-190

圖3-191

三十五、烏鷙獻爪

右手打來甚狠，右手切他要重。

複手從懷望面抓，敵若左手急來扳，

我即隨扳一削穩。

左手一拳肚上落，右手牽拳他怎忍。

更上一步腳管他，抱肩一逼跌得滾。

【用法】設敵右手打來，我上右步進中門，右手向左前方切他右臂。（圖3-192）他用左手阻擋我右手，我隨即向左前方進步貼身，右手抓臉。（圖3-193）他想用左手扳開我的右手，我順勢右手變陽掌，用小魚際切削他脖子右側大動脈或切下齶。（圖3-194）接著右手勾頭，左拳打胸肋。（圖3-195）隨

圖3-192

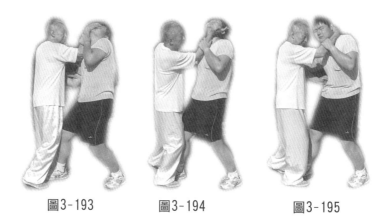

圖3-193　　　　　圖3-194　　　　　圖3-195

即右手向右勾扳他脖子。（圖3-196）趁他掙扎，右手向左打他頭頸。（圖3-197）他向後仰身欲逃，左腳搶步管他右腳，左手勾他脖子左側，右手抱他左肩，向左下方旋壓，左腳勾他右腳使其跌之。（圖3-198）

【注意】步隨手變，步步緊逼。

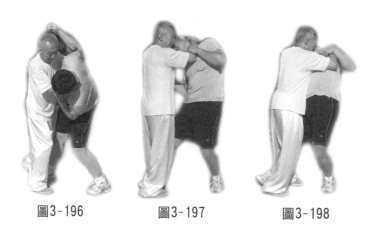

圖3-196　　　　　圖3-197　　　　　圖3-198

三十六、泰山壓頂

敵人手打來，雙手齊奔開。

兩掌按下插，胸膛早受災。

他若走左邊，左進靠山跌。

他若右邊去，右手用披揭。

輪進左右披，須知腳管跌。

此係頂一拳，故名泰山壓。

【用法】他雙手撲來，我雙手從他兩臂當間猛然下插，取得震撼效果。（圖3-199）隨即向左擰身，雙手上提，左右分開，用右手背打他右胸將台穴，（圖3-200）左手拍他臉。（圖3-201）接著，左手向右下方披按，如果遇到他左手來救，就把它劈下去。

圖3-199

圖3-200

圖3-201

（圖3-202）同時上步，右手掄起來砸他頭頂百會穴，「此係頂一拳，故名泰山壓」。（圖3-203）隨即右肘向上挑腮。（圖3-204）然後，左手轉過來勾他左側脖子。（圖3-205）右手抱他左肩，向左下方旋按，左腳勾他右腳使他跌之。（圖3-206）

　　在我雙手從他兩臂中間猛然下插上提，用右手背打他胸時，他如果向我的左邊躲，我上左步管腿，左肩靠進，向左擰身，連靠帶打，此乃「靠山跌」。（圖3-207）他

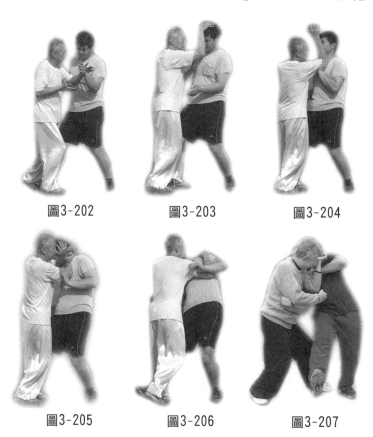

圖3-202　　　　圖3-203　　　　圖3-204

圖3-205　　　　圖3-206　　　　圖3-207

圖3-208　　　　　　　　圖4-1

如果向我右邊躲，並用左手推我右肘，我左手向右下方披他左手，右手從懷裡向上掄起來，用手背揭打他臉。（圖3-208）可打可跌，隨心取用，非固定套路也。

外死手三十六節

一、冷死手

拳來右拿要緊，左拳奔膺當乘。

回卻左來要右承，右肘須承莫空。

拜掌填拳急進，兩腳休得開肱。

縱有勇敢與爭雄，難逃冷死一弄。

【用法】設敵右手打我中下盤，我右手刁拿他右腕，左拳或掌插打他右肋。此乃乘虛而入，故曰「當乘」。插肋的同時要進「之」步貼身，但是左臂不要伸直，把他打跑就無法進行後面的打擊。這時，我左腳在外門，右腳在裡門，他的膝就在我的兩腿之間，所以要「拵住」他的右腿，防止他的膝撞襠，即「兩腳休得開肱」。（圖4-1）隨

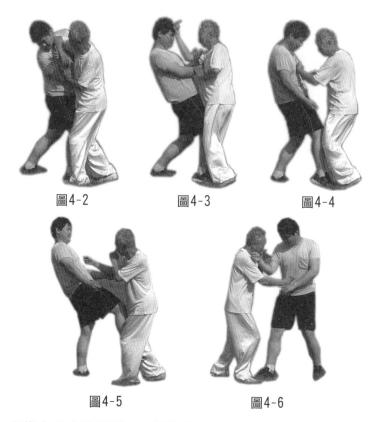

圖4-2　　　　　圖4-3　　　　　圖4-4

圖4-5　　　　　　圖4-6

即進右玄步進裡門，右肘打喉。（圖4-2）隨即，右拳撇鼻，（圖4-3）左手拜掌，（圖4-4）右手填拳。（圖4-5）

二、搥墜手

　　　　　敵人將拳劈下，左手急望裡推。

　　　　　右拳照肋便搗哉，左右雙拳下劈。

　　　　　左拳撩海一插，復下望左承回。

　　　　　場中小子定遭危，搥墜一勾受累。

　　【用法】設敵右手劈來，我向外門進左步，管住他右腳，左手向右推他右肘，右拳打他右肋。（圖4-6）

隨即向右擰身，雙拳貼身自胸前沿他右臂向裡門劈下。
（圖4-7）右手抓住他右腕，左手向下插到自己的左胯外
側，用腋下把他的右臂根部緊緊夾住。（圖4-8）再從另
一個角度看一下。（圖4-9）左腳扣住他右腳不動，右腳
向右前方盤步，猛然向左擰身，右手將他右腕向他左胸推
按，以左臂為軸，捲軋他右臂，重心向左前方猛然轉動壓
下，將他摔倒。（圖4-10）再從另一個角度看一下。（圖
4-11）因左手向左下方下搥墜落捲軋，故名「搥墜手」。

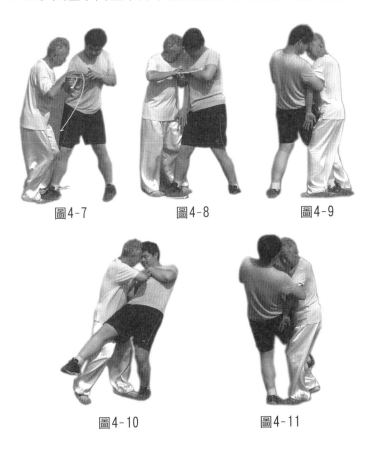

圖4-7　　　　　圖4-8　　　　　圖4-9

圖4-10　　　　　圖4-11

三、插花手

> 拳來左手緊托，右拳肋下直攻。
>
> 敵人手兒要兩分，左手復下承重。
>
> 若得回回雄腳，哪怕他人英雄。
>
> 插花手起即分明，到處當場賣弄。

【用法】設敵右手打我上盤，我蹲身進左步，左手向上托他右肘，右手打肋。（圖4-12）隨即右手向上一推，左手穿進，向左前方推他右臂。因為手心是向下的，即「左手覆下承重」。（圖4-13）同時，提起右腳，縮作一團，左腳單腿向前跳動，這叫「顛法」，用臀胯砸擊他的右腿根處，向前衝擊。（圖4-14）右腳從他身後兩腿間向右前方插過去，落於他左腳前方，即外門雙管，這叫「回回步」，就是回族傳來的步法。同時右手撐按他左臂，即「敵人手兒要兩分」。他必右腳離地，失去重心，想向左扭身逃跑，可是兩臂被撐向右扭著，必跌倒無疑。（圖4-15、圖4-15背視）在走回回步的時候，也可以用右腳踩住他左腳，不但跌得狠，還可扭傷腳。（圖4-15-1）

圖4-12　　　　圖4-13　　　　圖4-14

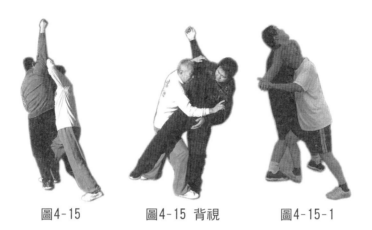

圖4-15　　　　圖4-15 背視　　　　圖4-15-1

四、纏筋手

拳來右手拿緊，左肘正壓肘中。

左手撐開要分明，左掌為上摸弄。

右掌放才蓋下，左掌劈面來迎。

纏筋起勢威風雄，一撐雙推亂滾。

【用法】設敵右手打來，我右手刁住他右腕，或者他刁我腕，都是一樣的。（圖4-16）左手扣住他手，將其緊緊固定在我右腕下。上左步管他右腿，向右擰身，左肘壓拿他右肘。（圖4-17）隨即左手向左撐開撲他臉，向上摸弄按壓。（圖4-18）進右玄步，右手蓋打他臉，如果他左手招架，就蓋壓他左臂。（圖4-19）左手再次撲打他脖子左側並按住。（圖4-20）右手抱

圖4-16

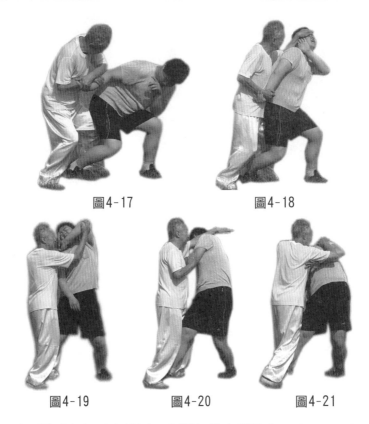

圖4-17　　　　　　　圖4-18

圖4-19　　　圖4-20　　　圖4-21

肩，雙手向左下方按壓，左腳勾他右腳跌之。（圖4-21）

五、膝搥手

兩手逼他手肘，右拳望肋直攻。

左掌起處面顏紅，右掌復來要重。

左手拿他右肘，全憑腳下勾攻。

勿謂人不驚，跌翻一場春夢。

【用法】設敵右手打我中下盤，我左手封按他右肘，右拳纏壓他小臂，向前逼近。（圖4-22）進右步，右拳打肋。（圖4-23）進左步管腿，左手撲打他臉。（圖4-24）

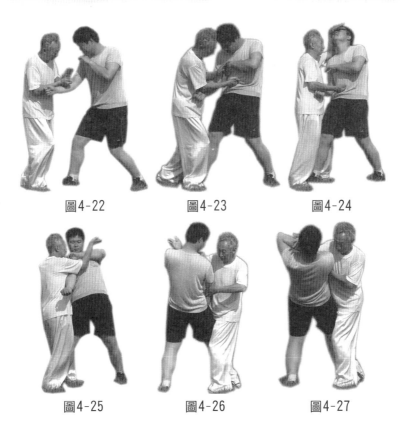

圖4-22　　　　　圖4-23　　　　　圖4-24

圖4-25　　　　　圖4-26　　　　　圖4-27

左手從他頭上轉下，拿他右肘曲池向右旋推，右手向左下方旋切他脖子。左腳叼他右腿，用手、肘、膝的剪勁將他摔倒。（圖4-25）再從外側看一下這個過程。（圖4-26、圖4-27）因為右手是向著自己左膝的方向搶擊旋切他脖子，故曰「膝搶手」。

六、陳搶手

右手拿他右手，旋轉左手代它。

右掌蓋上滿臉花，一摸右邊直下。

左掌依然面拜，兩拳齊望目加。

陳搋手實堪誇，恰是神仙傳下。

【用法】設敵右手打來，我右手叨拿他右腕，左手代替右手扣拿他右小臂，向右後方将帶，同時上右步入身。（圖4-28）接著，上左步，右手蓋打臉。（圖4-29）他如果用左手格架，我右手順著他右臉向下摸。他左手被夾在我右肘彎裡，在我右臂彎與他臉前，形成一個三角形空檔。（圖4-30）我左手從這個三角形空隙向上鑽，可以打下巴或鎖喉。（圖4-31）接著，雙手打眼。（圖4-32）因為右手拍臉後向左下方下沉（陳），所以叫「陳搋手」。

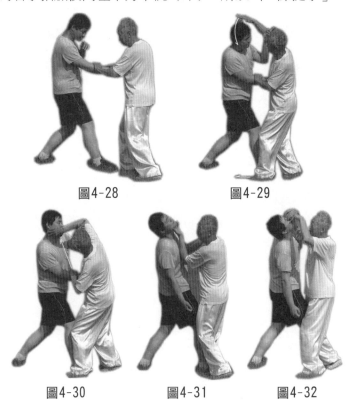

圖4-28　　　　　　　圖4-29

圖4-30　　　圖4-31　　　圖4-32

七、熱鏟手

起手雙接著重，渾身筋力齊來。

右手一肘奔心懷，金槍山根打壞。

拜掌填拳相摧，氣閉胸膛受害。

熱鏟手起好安排，將人打作一塊。

【釋名】鏟，鐵鍬也，就是用鐵鍬鏟土，此處為上揚、下拍的動作。

【用法】設敵右手打我中上盤，我上左步，雙手像拿著鐵鍬鏟土向上揚一樣，順他右臂內側上挑，連肘帶肩撞進。同時右肘連頂帶挑，撞擊他胸，即「鏟肘」。（圖4-33）

圖4-33

他可能用左手推我右肘，我隨即豎起右小臂，用拳背撇擊他鼻子，或乾脆進右步，雙掌劈下。（圖4-34）接著，左手拜掌，（圖4-35）右手填拳將他打倒。（圖4-36）

圖4-34　　　　　圖4-35　　　　　圖4-36

八、雙攀手

左手拿住右手，右掌直下撩陰。

復起手來右邊承，右掌右肩盪進。

兩掌前後掏心，右插原來左襯。

雙攀手好無情，還有雙推亂滾。

【用法】設敵右手打來，我左手封按，右手纏進插打腹陰。或用雙手像攀杠子一樣，把他右手拉下來。（圖4-37）隨即左手扣住他右小臂，右手下滑，插腹撩陰。

（圖4-38）他必彎腰顧下，我復起左手扳按他臉，左腳管他右腿。（圖4-39）

速移右步進裡門，左手順勢下滑扳住他後腰，同時右掌右肩盪進，右掌橫切他喉，右肘、右肩向左下方切壓而下，左腳一勾就倒。（圖4-40）從後邊看一下。（圖4-41）

圖4-37

圖4-38

圖4-39

圖4-40　　　　　圖4-41　　　　　圖4-42

九、吊線手

他人手來直進，陽掌急拿反陰。

先陽後陰左掌心，逼手同拳齊應。

敵若筋力強硬，吾有撻掌無情。

一聲響起往後崩，方知吊線可憎。

【**用法**】設敵右手打我上盤，我上步，蹲身，右手四指朝左，手心朝上，從下向上拿他右腕，左手仰掌托他右肘，起身將他右臂吊起。（圖4-42）接著，提右腳走外門落於他右腳後，右手向陰掌方向擰轉，使他的手指朝他的後方，左手變陰掌，向下勾他臂彎，使之彎曲。雙手抱住他臂，向下拿壓，右腳後剪，必倒。（圖4-43）我在吊起他臂並開始抱拿時，發現他「筋力強硬」，就鬆開右手，順著他的右臂撻下去打

圖4-43

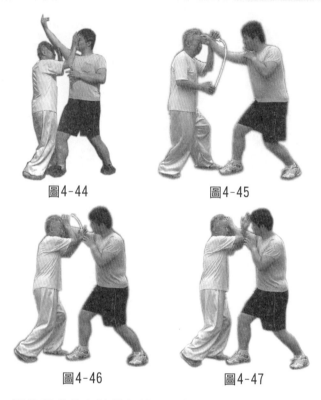

圖4-44 圖4-45

圖4-46 圖4-47

臉，這就是「我有撻掌無情」。（圖4-44）

十、雙插花

敵人手發未到，兩掌內外夾攻。

左進右出掌分明，須知右掌攪弄。

兩掌一齊起處，誰防直奔耳門。

左下撐拳右拳胸，雙插花我最勝。

【用法】設敵右手打我上盤，我蹲身上步，左手搭他右臂外側後捋。（圖4-45）右手從他右臂內側進手，向左後方攪弄他右臂。（圖4-46）左手從他右臂下繞進他右臂內側向上攪進。（圖4-47）進步貼身，雙手直奔他右耳擊

打。（圖4-48）左手拜掌，（圖4-49）右手填拳，打胸打喉皆可。（圖4-50）

【注意】這個「攬弄」的手法被後人演化為「玉女穿梭」，但不如綿張小而快。

圖4-48

圖4-49　　　　圖4-50　　　　圖4-51

十一、分洗手

左手推他右手，右手急進捶胸。

鳳凰展翅向陽分，縱有臂力難動。

左掌方才出懷，右拳隨奔面門。

一時皮破血淋身，分洗手兒最重。

【用法】設敵右手打來，我左手向右推他右臂，右手打他胸或腹。（圖4-51）他用左手封按或抓我右手，我右手拳心向上翻轉，向右前方伸出，同時向右前方上右

步，他手鬆開，並被壓在我右臂下。（圖4-52）隨即進左步，左手抹眉，向左下方扳按臉，這就是「鳳凰展翅向陽分」。（圖4-53）左手一按他臉，右手就向面門橫抓過來，必然「一時皮破血淋身」，或用「駝窩手」拇指側打他頸側大動脈，其傷必重。（圖4-54）

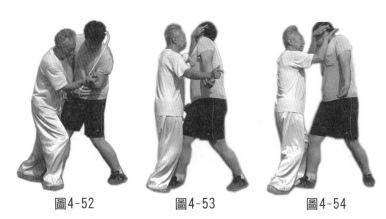

圖4-52　　　　　圖4-53　　　　　圖4-54

十二、諸破手

右邊敵手急進，右手肋下旋拿。

左手極力插香腮，復拿他手後往。

須知腳下勾回，左手打過右來。

右手右肩插進栽，諸破場中喝彩。

【用法】設敵右手打來，我右手叨拿他右腕，進左步走外門，左手打臉。（圖4-55）隨即向右前方進右步，右手抓著他右腕向他脖子圍過去，再向後推，使他向後仰身，俗稱「圍脖」（圖4-56）隨即進左腳管他右腳，左手從他身後抓住自己的右手向後拉。（圖4-57）從後面看一下。（圖4-58）右手右肩向左下方栽插，再加上勾腳使他

圖4-55　　　　圖4-56　　　　圖4-57

圖4-58　　　　　　圖4-59

跌之。（圖4-59）此手法也就是「雲手」，可以雙手雲，也可以單手雲，可破諸多手法，故名「諸破手」。

十三、鞭逼肘

拳來右肘緊逼，逼他不可放鬆。

左手橫拳望肚衝，轉上承手莫鈍。

右肘逼胸力破，拜掌填拳練精。

鞭逼肘起信有神，公可切莫輕進。

【用法】設敵右手打我中下盤，我上右步，右臂曲

肘，拳心擰旋朝上，左拳附在右小臂內側，向右擰身，從他右臂外側壓逼他右臂。（圖4-60）

速上左步走邊門管腿貼身，右手捋住他右腕，左手拳心朝上，先橫拳向他肚子，轉而向上，連他右臂、左臂都能逼住，這叫「邊逼肘」。（圖4-61）

隨即左手轉向上抓他左臂，向左下方捋帶。（圖4-62）上右步逼近，右肘打胸。（圖4-63）順便豎拳打鼻，（圖4-64）左手拜掌，（圖4-65）右手填拳。（圖4-66）

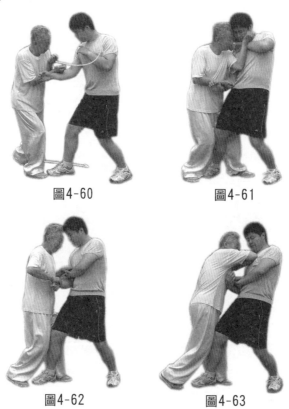

圖4-60　　　　　　　圖4-61

圖4-62　　　　　　　圖4-63

圖4-64　　　　　　　　圖4-65

圖4-66　　　　　　　　圖4-67

十四、十字跌

敵人亂打來，我步十字進。

更兼腳管他，此跌最為狠。

進時不可遲，遲卻無些用。

右掌急插胸，左腳勾相襯。

若還慣用它，何怕人比拼。

【**用法**】設敵人亂打來，看都不要看，左手左肩插進，右腳玄步踏進十字線附近。（圖4-67）突然向左擰

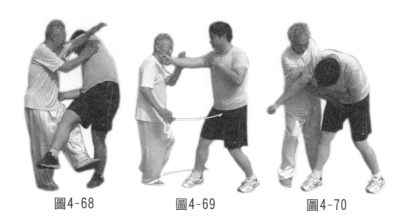

圖4-68　　　　　圖4-69　　　　　圖4-70

身，兩手向左掄掀拍打，左腳「跛腳」貼地向右前方掃勾他右腿，他必仰面平躺跌出。（圖4-68）

十五、葉裡藏鏢

左手推開右手，右掌陰上無情。

復起掌來手要雄，左拳耳門更進，

右拳又奔耳門。

動問小子有何能？葉裡藏鏢最狠。

圖4-71

【用法】設敵右手打來，我上左之步走外門，左手向右推他右臂，（圖4-69）蹲身，右手向下打陰。（圖4-70）由於雙方相對運動，我起身，身向右擰，正對著對方的右側，左手背向前一伸，就打他右耳。（圖4-71）右拳隨在左手下，左手稍一回收，右拳就從左手下直

擊他右耳。（圖4-72）左手掌
心朝下如葉，右拳從左手下直
擊他右耳如鏢，故曰「葉裡藏
鏢」。橫打耳門，生命之憂，故
曰「葉裡藏鏢最狠」。

圖4-72

十六、仙人躲影

他人右手打來，

右手望右推開。

閃身背後卻左推，須知右腳管礙。

敵若恃強倒右，我卻順右加推。

還將左腳一勾來，躲影顛跌莫怪。

【用法】設敵右手打來，我右手向右後方捋帶，進左
之步，躲到他身後。同時左手推他後背，右腳勾他右腳，
他可能向前栽倒。（圖4-73）如果他向右轉身抵抗，我右
腳上玄步，又到了他裡門，右手向左推胸或切他下巴，左
手向回捔他後腰，左腳向後勾他右腳，他必向後仰跌。
（圖4-74）從另一個方向看一下。（圖4-75）

圖4-73　　　　　圖4-74　　　　　圖4-75

十七、老兒鋤田

右手拿他右手，劈手正中肘中。

變拳衝破面顏紅，壓下須當要重。

右肘方被肘懷，誰想拳又填胸。

鋤田之手實為雄，乃謂老而後用。

【用法】設敵右手打我中下盤，我右手刁他右腕後拉，左手猛地向右後方披砸他右臂肘部，這動作如同向後拉鋤。（圖4-76）隨即向前一送，用左手手背衝打他臉，右手仍抓著他右腕不放。（圖4-77）馬上向後一拉，這回右手拉腕，左肘砸他右臂後向左擺肘。（圖4-78）隨即左肘前撞，右拳打胸。（圖4-79）

【變化】先是右手刁他右腕左手披砸他肘部後拉，（圖4-80）隨即右手打胸，（圖4-81）

隨即兩手再拉披他臂，他哪個手來救就拉哪隻臂，拉的時候手退身進。（圖4-82）隨即左手拜掌撐鼻子，（圖4-83）右手打臉。（圖4-84）

圖4-76

圖4-77

圖4-78

圖4-79

圖4-80

圖4-81

圖4-82

圖4-83

圖4-84

十八、獅子嘯天

敵人右插香腮，將身向左閃開。

翻轉雙披緊切，更復兩拳上推。

胸拴旗鼓勢雄哉，手抱腳跟仰跌。

頭頂膝壓不放他，獅子嘯天可愛。

【用法】敵右手打我臉，我上左步走外門偏閃。（圖4-85）迅速向右擰身，雙手下攀或披切他右臂。（圖4-86）隨即左手在上，右手在下，像舉旗一樣，向他胸部衝擠，叫「旗鼓式」。由於左橫手手心向上，橫拴著他的胸和左手，所以說「胸拴旗鼓勢雄哉」。（圖4-87）

我向前一湧，他就會仰身，我趁機蹲身，右手抱腳，左手切大腿根部，左膝跪壓他膝，頭向前頂，把他摔倒。（圖4-88）「旗鼓式」向上一湧，蹲身抱腳又一頂一湧，像舞獅子的動作，故曰「獅子嘯天」。他若雙腿相距不遠，也可以抱雙腿使他跌之。（圖4-88-1）

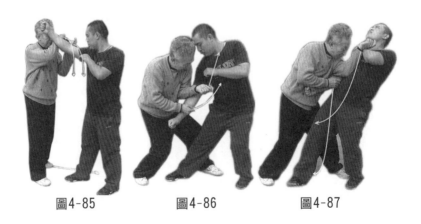

圖4-85　　　　　圖4-86　　　　　圖4-87

圖4-88　　　　　　　　圖4-88-1

十九、猛虎跳牆

　　　　右手來時左手拿，右掌進去睛上埋。

　　　　量天尺破他左，救七星好打眉穴。

　　　　復下左手右托頷，二龍戲珠左搭，

　　　　左手拿住左，左膝肚上埋。

　　【用法】設敵右手打來，我左手习拿他右腕，上右步，右手走弧線切入捂眼。（圖4-89）他左手來救，我上左之步，向右擰身，左手搭他左臂。（圖4-90）順勢向

圖4-89　　　　　　　　圖4-90

圖4-91

圖4-92

圖4-93

後一滑，拿他左腕，這一滑好像度量一般，故曰「量天尺」。隨即上右玄步，右手打眉穴。（圖 4-91）

他右手來救，我左手向左落下，纏他右手，同時進右通懷步，右手托他下巴。（圖 4-92）隨即右手摟住頭，進左之步，左手雙指插眼。（圖 4-93）

他右手來救並退右腳想跑，把左臂暴露在前面，我速用左手捋住他左臂，（圖 4-94）右手扳住他左肩，右腳向右前方顛跳，提左膝頂襠。（圖 4-95）這個顛跳動作，叫「猛虎跳牆」。從側後看一下。（圖 4-96）

【注意】中國武術的頂襠動作強調制住對方一隻手，防止他趁機抓襠，置我於死地。而散打比賽時就可以雙手抱住脖子頂膝，因為有規則，不許擊打襠部。

二十、駿馬加鞭

右手打來右手推，復將右手切肚皮。

左手打來左拿住，右手急打腮上奇。

他若右挑我右破，打他白膀不為仡。

肘上加肘撐無疑。

圖4-94　　　　　圖4-95　　　　　圖4-96

【**用法**】針鋒相對，他打我哪兒，我就打他哪。順勢順勁，巧妙至極。

他右手打我中下盤，我閃身上左之步，右手從他右臂上方纏進。（圖4-97）右腳進中門，用右手切他的肚皮，打氣海穴。（圖4-98）

他左手打我臉，我左手向右拿他左腕。進右步，右掌從左手下向上打他左腮。（圖4-99）

他用左手挑我手，或企圖用右手打我臉，我上右步，十字出手，右手截他右腕，左手從右手下前伸，向左後方

圖4-97　　　　　圖4-98　　　　　圖4-99

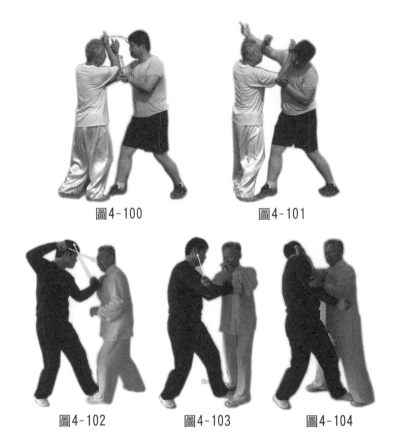

圖4-100　　　　　　　　圖4-101

圖4-102　　　　圖4-103　　　　圖4-104

挑他右臂，（圖4-100）右手打他臉。（圖4-101）「白
勝」：白，陽白穴，在眉上方；四白穴，在眼下方。勝，
素勝穴，在鼻尖。伀，勇貌。「不為伀」，沒了勇氣。
（按醫書穴位注應是「素髎」二字）

　　【變化】這個技法可以引申為「他若右挑我右破」。
比如，他左手抓住我衣領，右拳打我臉，（圖4-102）我
同樣可以向左一擰身，用右手披切他右臂，（圖4-103）
向右回手就打他右臉。（圖4-104）

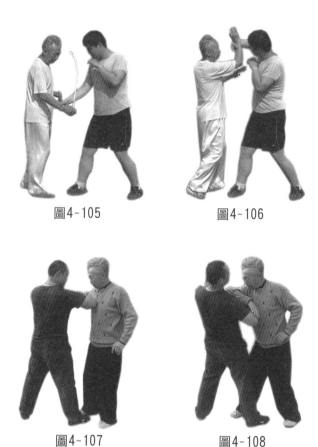

圖4-105　　　　　　　　圖4-106

圖4-107　　　　　　　　圖4-108

　　他用右手抓住我右腕，（圖4-105）我進右步，右手從他右手拇指內側向上、向左後方勾挑，他手必然鬆開，我得以進身入懷打他臉。（圖4-106）

　　他用右肘頂我胸。（圖4-107）我也上右步，右手向左後方推按他肘，並用右撐肘頂他胸，這就是肘上加肘。（圖4-108）

　　這些手法都是順著他加勁，故曰「駿馬加鞭」。

二十一、順水推舟

> 右拳從頭劈下，左掌望上推託。
>
> 右手肋下填拳，左手扳肩一撥。
>
> 他若退後仰跌，右拳胸上直戳。
>
> 側身向右奔逃，趕上須進左腳。
>
> 順風跌倒一跤，順水推舟不錯。

【用法】他右手劈來，我上右步，左手向右上方推他右臂，右拳打他肋，他會向後縮身，右臂垂下。（圖4-109）我隨即進左腳邊門管腿，左手向左後方拉他右肩，提右肘打臉。（圖4-110）

他仰身欲倒，右手照胸栽錘將他打倒。（圖4-111）或者在我扒肩提肘打臉時他已經倒了，右拳就跟著栽下去，這叫「倒地跟拳」。（圖4-112）

如果在拉他右肩時他向右側身逃走，我搶步趕上，（圖4-113）左腳勾他右腳，雙手推胸使他跌之。（圖4-114）

圖4-109

圖4-110

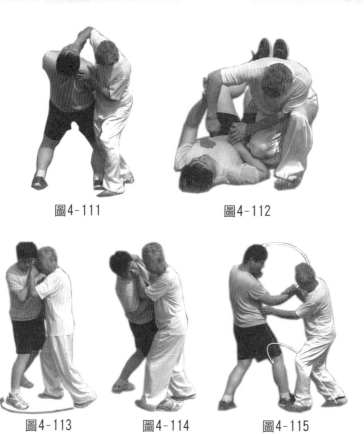

圖4-111　　　　　　　　圖4-112

圖4-113　　　　圖4-114　　　　圖4-115

二十二、海底拋球

右來右拿左打，左來左拿右打。

右手拿他右手來，左腳急進往後踏。

左手牽開左手來，右腳管後須逼迫。

閃開進身眉駝跌殺。

【用法】他右手打來，我右手拿他手腕後牽，左腳向他身後急進，左手打肋。（圖4-115）

右手拋起來向左下方扳按他左頭，提起右腳從後面蹬

圖4-116　　　　　　　　圖4-117

圖4-118　　　　　　　　圖4-119

他右腿膕窩處，跌之。（圖4-116）也可就用左腳向右後方蹬他右腿膕窩處，跌之。

　　他左手打來，我左手拿他手腕後牽，走外門上右步。（圖4-117）左手拋起來扳頭，左膝前跪，從外側向裡逼迫他左腿，向右擰身跌之，這就是「左手牽開左手來，右腳管後須逼迫」。（圖4-118）

　　再如，他右手打來，我左手向右一推他右臂，直接向左閃身進左步。（圖4-119）同時右手用「駝渦手」打他

圖4-120　　　　　　　　圖4-121

頸側動脈，並向左下方扳按跌之。（圖4-120）駝渦手：
四指併攏，彎曲，拇指尖在食指第一關節處，手隆起如
駝，手心成渦，用拇指側小平面擊打脖子大動脈，（圖
4-121）這就是「閃開進身眉駝跌殺」。

二十三、拖水十字

右手打來右手推，右手橫拳攻肋。

左手打來左拿他，右手太陽直絷。

若是左手托右肘，右手下胲一插。

至於扯住我領，肘壓自然身頹。

【用法】他右手打來，我右
手向左後方推脫，交左手控制。
（圖4-122）上步進身，右橫拳
打肋。（圖4-123）

他左手來救，或左手打來，
我都可以用左手拿他左腕，向右
後方推脫。（圖4-124）同時上右
步，右拳打太陽穴。（圖4-125）

圖4-122

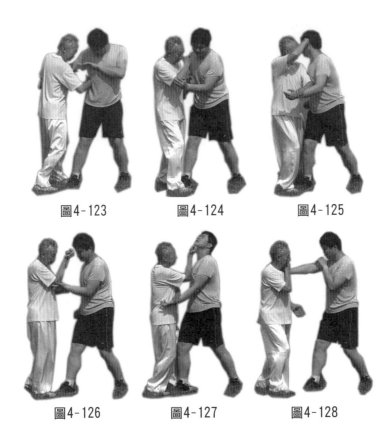

圖4-123　　　　　圖4-124　　　　　圖4-125

圖4-126　　　　　圖4-127　　　　　圖4-128

他用左手托我右肘，（圖4-126）我向右擰身，用左手
下按他左腕，向後拖，同時用右拳向上插他下巴。（圖
4-127）

　　他右手抓我衣領，（圖4-128）我右手固定他手，左
肘滾壓他手腕，他必疼而身頹。（圖4-129）我可趁機擊
打。（圖4-130）

　　這些都是一隻手後拖，另一隻手前擊的十字勁，故名
「拖水十字」。

圖4-129　　　　　　　圖4-130

二十四、燒天撼地

> 右拿右手左插上，左按左手右下插，
> 右手打來左手勾，右手一拳肚上落。
> 右封右兮左拳腰，閃身背後前留腳，
> 回手一拳背心著。

【**用法**】此勢含有多種手法。他右手打來，我右手拿腕，向右後方捋帶，上左步走外門，左拳打他右臉。（圖4-131）他左手打來，我左手向右後方按捋他左手，右拳插打他左肋。（圖4-132）他右手打來，我左手向左後方勾他右手，上右步，右拳打他心口。（圖4-133）右手打來，我右手向右封按他右臂，上左之步，躲在他背後，左拳打他腰部。（圖4-134）我雖然躲在他背後，右腳卻留在前面，隨即

圖4-131

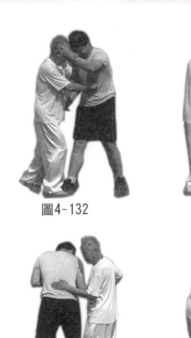

圖4-132 　　　　　　　　圖4-133

圖4-134 　　　　　　　　圖4-135

又向右轉回來，用右拳打他前胸，與左拳打擊前後呼應，故曰「回手一拳背心著」。（圖4-135）

　　因為這些動作都是上下、左右、前後相反方向的力，故曰「燒天撼地」。

二十五、觀音坐蓮

　　　　　敵人右腳管我左，好將身子往下坐。

　　　　　管我腳兒若叫痛，翻身左手攏左。

　　　　　管步若還放鬆，上步進身橫裹。

　　　　　裡裹外裹，難逃左右雙剁。

圖4-136

圖4-137

【用法】他右腳從邊門管我左腿想摔我，（圖4-136）

我稍向右擰身，左腿纏住他右腿，用臀部坐他右大腿根部，並用左掌塌襠，一般就能把他坐倒。（圖4-137）

他疼痛欲倒想跑，我速上步進身，裡裹外裹，雙手劈剁加勾跌。（圖4-138）

圖4-138

他外門管腿，例如上左腳管我左腿，我一樣可以用觀音坐蓮，或坐腿再加抱腳跌之，叫「倒騎龍」。

二十六、令公觸倒李陵碑

敵人右手疾打來，閃身背後卻左推。

左手插腰右扳腳，兩肩著力齊攻腚。

他若轉身便挫肘，一頭直撞入胸懷，

令公曾倒李陵碑。

【用法】他右手打來，我右手向右後方捋帶，上右擺左扣三角步，躲在他背後，左手推他腰。（圖4-139、圖4-140）

速蹲身，右手抱他右腳，左手加肩頂他臀、胯，（圖4-141）一般就能把他摔倒。（圖4-142）

如果他向右後轉身抱住我頭，（圖4-143）我右手抱他右腿不放，左肘向左下方挫他大腿根，並用頭撞擊他心口，像令公碰碑，使之仰跌。（圖4-144）

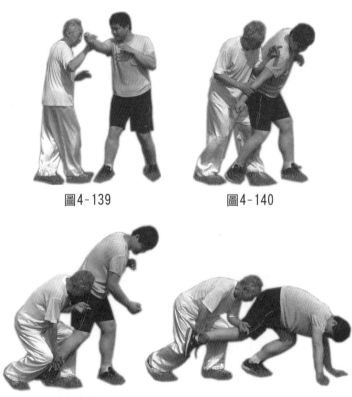

圖4-139　　　　　　　　圖4-140

圖4-141　　　　　　　　圖4-142

圖4-143　　　　　　　　圖4-144

二十七、鍾馗抹額

　　他人右手打來，我用左手承接。

　　更進右腳管他右，右掌從額抹下。

　　還有臀腔撅起，身手一齊發力。

　　他若翻身施救解，隨用手勾腳撻。

　　【**用法**】他右手打來，我走外門上左步，左手向右推，右手按他前額。（圖4-145）從另一個方向看。（圖4-146）隨即右腳進到他右腿後面，右手從他右額抹到左下，扳住他左臉和脖子。左腳向右後靠一下，把他擠住，

圖4-145　　　　　　　　圖4-146

圖4-147

隨即向左撐身撅臀，右腳向後剪腿，右手向左下方旋按，把他摔倒。（圖4-147）他如果企圖抬右腿向左翻身解脫，我右手仍勾住他脖子，提起左腳，蹬他左腿膕窩處，把他摔倒，往往能把脊柱扭傷，這叫「起二腿」。（圖4-148）從另一個方向看。（圖4-149）「起二腿」從裡門也能用。（圖4-149-1～圖4-149-3）

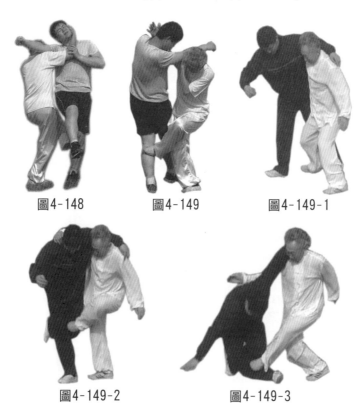

圖4-148　　　　圖4-149　　　　圖4-149-1

圖4-149-2　　　　　　圖4-149-3

二十八、袁譚打躬

敵人雙插來，我圓兩手一拜。

即進左腳去管他，左插香腮右捺。

他若閃身右去，隨將右腳橫搭，

左拳插肋如風快，須知右肩也拜。

【釋名】袁譚是袁紹的大兒子，袁紹傳位給老二，袁譚投靠曹操，打敗兩個兄弟。然後又背叛曹操，最後戰敗被殺。此勢喻義暗藏殺機。

【用法】他雙手撲來，我上右步拜進，拜時兩臂略圓，撐開他雙臂，如行跪拜禮。（圖4-150）速進左腳管住他右腳，同時左手打他左臉，右手勾住他脖子，右小臂和肘欺住他左肩，像螳螂一樣把他捆住，右肩向左下方拜壓，左腳一勾，把他摔倒。（圖4-151）最後一句「須知右肩也拜」，指的就是右肩向左下方拜壓。

在我拜進時，他如果向他的右方閃身，我速向橫、向十字線方向上右腳，腳尖向內橫扣，同時左拳插肋。（圖4-152）

圖4-150　　　　　圖4-151　　　　　圖4-152

圖4-153　　　　圖4-154　　　　圖4-155

二十九、霸王開弓

　　　　敵人出手如箭，我用開弓勢拿。

　　　　右手拿住左插他，左手承回又扛。

　　　　翻身一肘滾進，撒手離弦箭發。

　　　　箭打強敵真痛煞，霸王開弓古怪。

　　【用法】敵右手打我上盤，我右手向右上方捋帶，蹲身向右前方進右步，同時左手向裡穿進，左拳插他右肋，（圖4-153）最好直接鑽進去打右腮。右手把他右臂拉扛到我腦後的同時，左臂更深穿進去並用左肘挑打他腮。（圖4-154）他必用左手推我左肘，我即用右擺拳勾打他臉，或用拇指側勾斬他脖子左側，造成暈厥。（圖4-155）

　　【變化】我雙手向右上方捋帶，（圖4-156）左手進去後翻手捂住他臉，（圖4-157）隨即右手拍臉。（圖4-158）

三十、馬武跟城

　　　　敵人雙手右砍來，閃身背後切勿呆。

圖4-156　　　圖4-157　　　圖4-158

不用拳頭並肘掌，腰裡一跟彼必跌。

若是力強身不動，翻身一拳背上栽，

馬武跟城也利害。

【釋名】馬武是漢光武帝劉秀手下名將。劉秀派馬武和王霸攻打垂惠城，蘇茂帶大軍來救，馬武敗逃被追，過王霸營，呼救，王霸不出，馬武只得死戰。待敵疲，王霸突襲其後，蘇茂前後受敵，驚慌撤退，馬武從後面跟殺過來，到垂惠城下，將敵殲滅。

【用法】他雙手從右上向左下劈來，我右手向右後方挌帶，走外門上左扣步，躲在他背後。（圖4-159）隨即向右後方轉身，左腳蹬地全身彈起，右腳從身後向他兩腿中間插進，用右肩和腰胯猛力向前一拱，

圖4-159

他必向左前方橫著栽倒。（圖4-160）他如果沒倒，我撤右步向右擰身，用左拳打他腰部。（圖4-161）

　　該勢走邊門步也可以。比如，他右步在前衝來，我右腳向他右腳外側擺步，身體向右一擰，左腳從他身後兩腿間向前插去，用胯拱他後胯，他必跌倒。（圖4-161-1）如果用左腳從身後踩住他左腳，用胯拱之，不但跌倒，而且傷腳。（圖4-161-2）

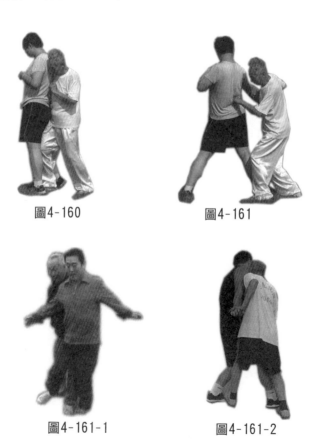

圖4-160　　　　　　　　圖4-161

圖4-161-1　　　　　　　圖4-161-2

三十一、雀地穿鷺

敵人上面手攻臉，將身縮下左腳前。

右手扳他腳後跟，括他膝切左掌先。

左腳縮來右腳直，難忍翻身仰跌天。

雀地穿鷺哪個曉，不義之人莫亂傳。

【**釋名**】兀鷺撲來，麻雀擦地低飛穿過，喻穿襠跌法。

【**用法**】敵打上盤，我先封按他臂，（圖4-162）突然縮身下蹲於他左腳之前。（圖4-163）右手扳他腳後跟，左肘向右前下方搓切他膝，使他的膝向外轉，他就會失去重心。左腳屈膝，右腿伸直發力，使之仰跌。（圖4-164）

對付高腿也行。他左腿高踢，我抱拳上步進身，將他腿抱住，（圖4-165）進左步插襠，向右擰身，左肘搓膝跌之。（圖4-166）

【**注意**】切膝的動作，不是向正下方切，而是旋轉切勁。

圖4-162　　　　圖4-163　　　　圖4-164

圖4-165　　　　　　　　圖4-166

三十二、順手牽羊

敵人拳來甚狠，雙手接著要緊。

用力一扳順牽動，我先右腳拴進。

他若恃力後退，挪步插拳須驟。

腦鼻兩處受傷痕，順手牽羊不恨。

【用法】他右拳打來，我雙手捋他右臂，後拉，右腳拴進，橫腳從側後蹬他前膝。（圖4-167）一般他就跪倒，（圖4-168）隨即左手震打鼻子，右拳打臉。（圖4-169）他如果力大向後掙扎，右腳前落，跟步擊之。

圖4-167　　　　　圖4-168　　　　　圖4-169

三十三、硬進單鞭

不問敵人手發未發，我身左進車輪劈下。

劈下須要步旋風，右手劈進同一法。

敵若力大難勝他，拜掌隨用腳勾撻。

單鞭劈去肩手硬，縱是頑石也打塌。

【用法】設他左拳打來，向他左側上左步，腳尖外擺，左手下劈他左臂。（圖4-170）隨即上右步於他左腳後，扣住，右手劈下，把他擠住。（圖4-171）隨即右手右肩向右上方撩靠，一般就可把他靠倒，現在一般叫作「劈山靠」。（圖4-172）如果他力大或者會含腰化勁，我即左腳向左前方挪步，右手拜掌推擠，左手推胸或拍肩，右腳回勾使他跌之。（圖4-173）

圖4-170

圖4-171

圖4-172

圖4-173

三十四、環肘連珠

右手拿他右手，左手望肋急攻。

敵若抽回右手，右肘滾入填胸。

頂肘撐肘一齊衝，橫肘豎肘互用。

更加一肘攢心胸，左右分明不空。

【用法】他右手打我中下盤，我進右步，右手向後捋他右臂，左肘攻他右肋。（圖4-174）他右手回收救肋，我即進左步右肘打胸。（圖4-175）隨即揚起左肘用豎肘砸鎖骨。（圖4-176）他一仰身，我接著右橫肘打喉部和臉部，將其擊倒。（圖4-177）這些都不是死套路，肘、拳隨心所用。

【注意】步隨肘走，步步緊逼，靈活運用。

圖4-174

圖4-175

圖4-176

圖4-177

三十五、獅子扳椿

　　　右手打來左擊，左手打來右逼。
　　　抽身背後從容立，雙手扳他左右肩，
　　　腰間逞力一膝。彼若翻身來救，
　　　對心一拳須疾。獅子扳椿最奇，
　　　名師把勢不識。

　【**用法**】他右拳打來，
我左手向右一推，右手順勢後
捋，走外門上右擺步，再上
左扣步，就到了他身後。（圖
4-178、圖4-179）（同理，他
左拳打來，我右手向左一推，
左手順勢後捋，走三角步也能
到身後），隨即兩手扳他左右
肩，用膝猛頂他後腰，造成嚴
重傷害，（圖4-180）從另一

圖4-178

圖4-179

圖4-180

圖4-181

圖4-182

圖4-183

個角度看一下。（圖4-181）

　　然後，向後半步落腳，一扳就倒。不用膝頂也行，扳住他肩向後退半步他就倒。（圖4-182）如果他企圖向右轉身來抵抗，就對心給他一拳。（圖4-183）

三十六、翻江倒海

　　敵拳打來雖狠，我也不用拳迎。

　　側身躲過左插進，右手急去撩陰。

　　躲影神仙可用，葉裡藏鏢逼真。

　　翻身左肘坐下，右拳搗海千觔，

　　縱然波浪洶湧，一霎時間平靜。

　　【用法】他右拳打來，我左手推他右臂，走外門上左步閃向身後，（圖4-184）順勢右手打襠，（圖4-185）左

圖4-184 　　　　　圖4-185

圖4-186 　　　圖4-187 　　　圖4-188

手拜掌震他右耳。（圖4-186）

　　接著右腳玄步進中門，右掌向後托他臉。（圖4-187）他一仰身，我立即蹲身，左手向裡門穿進，左手左肩靠進，向上一頂，（圖4-188）隨即右拳向氣海穴打去。（圖4-189）此手前半部分用的都

圖4-189

是「葉裡藏鏢」手法，所以說「葉裡藏鏢逼真」。

也可以用「仙人躲影」。我進左之步，躲到他身後，身前留一隻腳，接下來右腳進玄步，右手托他下巴，接下來還是左肩靠進，右拳向氣海穴打下。所以說「躲影神仙可用」。

【說明】在拍照裡、外三十六死手照片時，為了能看清手的位置，兩人貼的不夠緊，實際上應該更近一些。靜態圖片總是難以表達技法原意，建議參照影音光碟觀看、學習。

歡迎至本公司購買書籍

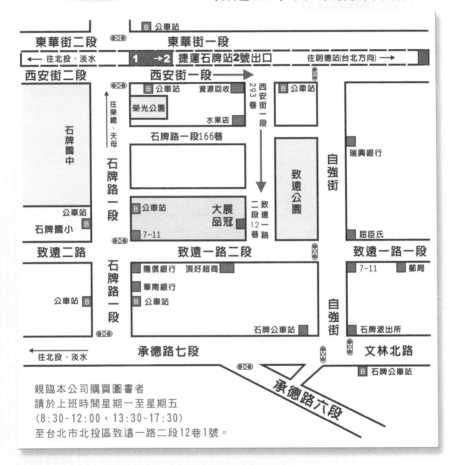

親臨本公司購買圖書者
請於上班時間星期一至星期五
(8：30－12：00，13：30－17：30)
至台北市北投區致遠一路二段12巷1號。

建議路線
1.搭乘捷運
　　淡水信義線石牌站下車，由月台上二號出口出站，二號出口出站後靠右邊，沿著捷運高架往台北
方向走(往明德站方向)，其街名為西安街，約80公尺後至西安街一段293巷進入(巷口有一公車站牌，
站名為自強街口，勿超過紅綠燈)，再步行約200公尺可達本公司，本公司面對致遠公園。

2.自行開車或騎車
　　由承德路接石牌路，看到陽信銀行右轉，此條即為致遠一路二段，在遇到自強街(紅綠燈)前的巷
子左轉，即可看到本公司招牌。

國家圖書館出版品預行編目資料

《拳經》今釋／焦建國 著
－初版－臺北市，大展，2020［民109.06］
面；21公分－（武學釋典；43）
ISBN 978-986-346-301-6（平裝附光碟片）
1.拳術 2.中國
528.972　　　　　　　　　　　　109004636

《拳經》今釋 附DVD

著　　者／焦　建　國
責任編輯／張　保　國・冉　宏　偉
發 行 人／蔡　森　明
出 版 者／大展出版社有限公司
社　　址／台北市北投區（石牌）致遠一路2段12巷1號
電　　話／(02) 28236031・28236033・28233123
傳　　真／(02) 28272069
郵政劃撥／01669551
網　　址／www.dah-jaan.com.tw
E-mail／service@dah-jaan.com.tw
登 記 證／局版臺業字第2171號
承 印 者／傳興印刷有限公司
裝　　訂／佳昇興業有限公司
排 版 者／千兵企業有限公司
授 權 者／山西科學技術出版社
初版1刷／2020年（民109）6 月

定　價／380元

大展好書　好書大展
品嘗好書　冠群可期